Caroline Veltcheff

S

PRÉPARATION À L'EXAMEN DU DELF A1

www.hachettefle.fr

SOMMAIRE

Crédits photographiques : pages 10, 21, 25, 31, 38, 48, 52, 61, 62, 72, 74, 76, 83, 103 à 118 : © Géraldine Ferrer ; pages 42, 95 : © Mathilde Ledoux ; page 77 : © Théâtre de la Cité internationale ; page 108 : © Serge Benamou / GAMMA, © Frédéric Souloy / GAMMA.

Couverture : Amarante
Conception graphique et mise en pages : Médiamax
Illustrations : Bernard Villiot

ISBN : 978-2-01-155451-2

AVANT-PROPOS

VOUS SOUHAITEZ OBTENIR LE DIPLÔME DELF A1

Grâce à ce livre, vous allez préparer le diplôme du DELF, diplôme d'études en langue française, niveau A1.
Une démarche simple et claire vous conduira à la réussite.
Les exercices pratiques proposés ont été testés par des apprenants de différents pays.
Ce livre est conçu pour un usage en classe guidé par l'enseignant ou en autonomie.

LE MODE DE PRÉPARATION

Pour vous préparer efficacement, nous vous proposons une démarche en trois étapes :

- **Repérez vos points forts**
- **Développez vos compétences**
- **Passez l'examen**

Dans chacune des trois parties, le travail a été organisé en quatre sections distinctes qui correspondent aux quatre grandes compétences testées le jour de l'examen :

- **Compréhension de l'oral**
- **Compréhension des écrits**
- **Production écrite**
- **Production orale**

Repérez VOS POINTS FORTS ET VOS POINTS FAIBLES

Une évaluation de départ pour faire le point sur votre niveau, compétence par compétence, et repérer vos points forts et vos points faibles grâce à une série d'activités ciblées.
Chaque activité est notée et permet de travailler un objectif communicatif précis.
Une fiche *Bilan* vous permet de comptabiliser les points obtenus et d'évaluer vos compétences.

Développez VOS COMPÉTENCES

Des exercices d'entraînement diversifiés que vous pouvez faire seul ou avec votre professeur pour consolider vos acquis et progresser efficacement pour atteindre le niveau de l'examen du DELF A1.

Passez L'EXAMEN

Deux sujets d'examen complets pour vous évaluer et vous entraîner à passer les épreuves du DELF A1.
L'épreuve de production orale est accompagnée de conseils de préparation et d'une correction guidée.

Pour connaître les critères d'évaluation des épreuves, vous pouvez vous reporter aux grilles de la page 8.
À la fin du livre, vous trouverez des cartes à découper : des **cartes-mots** (pour l'échange d'informations) et des **cartes-images** (pour le dialogue simulé) que vous utiliserez pour vous entraîner à passer l'épreuve de production orale dans les conditions réelles de l'examen.

Bien informé, bien préparé, vous réussirez !

QU'EST-CE QUE LE DELF A1 ?

LE DIPLÔME DU DELF A1

Vous voulez valider votre niveau de français : le DELF (diplôme d'études en langue française) vous le permet, c'est un diplôme internationalement reconnu. Il est délivré par le ministère de l'Éducation nationale français.
Six niveaux en langue ont été définis par le Conseil de l'Europe, six diplômes leur correspondent pour la langue française : DELF A1, DELF A2, DELF B1, DELF B2, DALF C1, DALF C2.
Au fur et à mesure de vos progrès, vous pourrez passer le diplôme correspondant à votre niveau.
Vous pourrez aussi vous présenter directement au diplôme de votre choix.
Au niveau DALF C2, vous serez parfaitement francophone !

L'EXAMEN DU DELF A1

L'examen comporte une épreuve pour chacune des quatre compétences : compréhension de l'oral (écouter), compréhension des écrits (lire), production écrite (écrire), production orale (parler).

D'abord, vous passez **les trois épreuves collectives** (un jour) dans cet ordre :

La compréhension de l'oral : vous écoutez les enregistrements et vous complétez les questionnaires (20 minutes).

La compréhension des écrits : vous lisez des documents très courts (panneau, écriteau, publicité, courriel, carte postale...) et vous complétez les questionnaires.

La production écrite : vous complétez une fiche / un formulaire avec les informations demandées, puis vous rédigez un court texte (carte postale, courriel, texto...).

Vous avez une heure pour faire les deux épreuves écrites. Attention à bien gérer votre temps.

Ensuite, vous passez **l'épreuve individuelle** (un autre jour) : **la production orale.**

La préparation : l'examinateur vous fait tirer des cartes (des cartes-mots et des cartes-images) et vous préparez pendant 10 minutes l'échange d'informations à partir des cartes-mots et le dialogue simulé à partir des cartes-images.

La première partie (l'entretien dirigé) : vous répondez aux questions de l'examinateur (1 minute environ).

La deuxième partie (l'échange d'informations) : vous posez des questions à l'examinateur, à partir des cartes-mots sélectionnées (2 minutes environ).

La troisième partie (le dialogue simulé) : vous demandez ou achetez à l'examinateur les produits représentés sur les cartes-images sélectionnées (2 minutes environ).

LES ÉPREUVES DU DELF A1

Niveau A1 du Cadre européen commun de référence pour les langues

NATURE DES ÉPREUVES	DURÉE	NOTE SUR
COMPRÉHENSION DE L'ORAL Réponse à des questionnaires de compréhension portant sur trois ou quatre très courts documents enregistrés ayant trait à des situations de la vie quotidienne (2 écoutes). Durée maximale des documents : 3 minutes.	20 minutes environ	..... / 25
COMPRÉHENSION DES ÉCRITS Réponse à des questionnaires de compréhension portant sur quatre ou cinq documents écrits ayant trait à des situations de la vie quotidienne.	30 minutes	..... / 25
PRODUCTION ÉCRITE Épreuve en deux parties : • compléter une fiche, un formulaire ; • rédiger des phrases simples (cartes postales, messages, légendes...) sur des sujets de la vie quotidienne.	30 minutes	..... / 25
PRODUCTION ORALE Épreuve en trois parties : • entretien dirigé, • échange d'informations, • dialogue simulé.	5 à 7 minutes Préparation : 10 minutes	..... / 25
	NOTE TOTALE :	..... / 100

- **Seuil de réussite pour obtenir le diplôme : 50 / 100**
- **Note minimale requise par épreuve : 5 / 25**
- **Durée totale des épreuves collectives : 1 h 20**

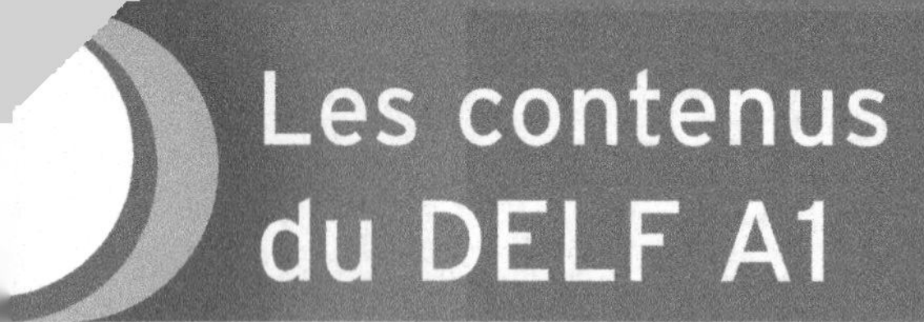

Les contenus du DELF A1

Compréhension

Les contenus du DELF A1

Production

Repérez vos points forts et vos points faibles

Développez vos compétences

Passez l'examen

Les critères d'évaluation du DELF A1

COMPRÉHENSION DE L'ORAL *25 points*

Des points sont attribués aux différentes réponses du questionnaire. Le nombre de points est indiqué à côté de chaque exercice.

COMPRÉHENSION DES ÉCRITS *25 points*

Des points sont attribués aux différentes réponses du questionnaire. Le nombre de points est indiqué à côté de chaque exercice.

PRODUCTION ÉCRITE *25 points*

Le premier exercice (le formulaire à remplir) : *10 points*. Un point est attribué par réponse.
Le deuxième exercice (la carte ou le message à écrire) : *15 points*.
L'examinateur va évaluer : vos compétences communicatives *(8 points)*, et votre connaissance de la langue *(7 points)*.

COMPÉTENCES COMMUNICATIVES

▶ ***Respect de la consigne (2 points)***
- Est-ce que vous avez bien compris le sujet ?
- Est-ce que vous avez respecté la longueur demandée ?

0 pt	*0,5 pt*	*1 pt*	*1,5 pt*	*2 pts*

▶ ***Correction sociolinguistique (2 points)***
- Est-ce que vous connaissez les formules de l'accueil et de la prise de congé ?
- Est-ce que vous connaissez les formules pour vous adresser à une personne familière *(tu)* ou une personne moins connue *(vous)* ?

0 pt	*0,5 pt*	*1 pt*	*1,5 pt*	*2 pts*

▶ ***Capacité à informer et / ou à décrire (4 points)***
- Est-ce vous savez parler de vous ?
- Est-ce que vous savez décrire vos activités ?

0 pt	*0,5 pt*	*1 pt*	*1,5 pt*	*2 pts*	*2,5 pts*	*3 pts*	*3,5 pts*	*4 pts*

CONNAISSANCE DE LA LANGUE

▶ ***Lexique / orthographe lexicale (3 points)***
- Est-ce que vous connaissez les mots utiles pour parler de vous ?
- Est-ce que vous savez écrire les mots de base sans faute ?

0 pt	*0,5 pt*	*1 pt*	*1,5 pt*	*2 pts*	*2,5 pts*	*3 pts*

▶ ***Morphosyntaxe / orthographe grammaticale (3 points)***
- Est-ce que vous savez construire des phrases très simples ?
- Est-ce que vous savez écrire les expressions courantes de base ?

0 pt	*0,5 pt*	*1 pt*	*1,5 pt*	*2 pts*	*2,5 pts*	*3 pts*

▶ ***Cohérence et cohésion (1 point)***
- Est-ce que vous savez relier les phrases logiquement ?
- Est-ce que vous savez utiliser *et, alors, mais* ?

0 pt	*0,5 pt*	*1 pt*

PRODUCTION ORALE *25 points*

L'examinateur va évaluer vos compétences communicatives pour les trois épreuves *(16 points)* et votre connaissance élémentaire de la langue *(9 points)*.

COMPÉTENCES COMMUNICATIVES

▶ ***L'entretien dirigé (5 points)***
- Est-ce que vous comprenez des questions personnelles simples, prononcées lentement et clairement formulées ?
- Est-ce que vous savez répondre à ces questions ?

0 pt	*0,5 pt*	*1 pt*	*1,5 pt*	*2 pts*	*2,5 pts*	*3 pts*	*3,5 pts*	*4 pts*	*4,5 pts*	*5 pts*

▶ ***L'échange d'informations (4 points)***
- Est-ce que vous savez poser des questions personnelles simples sur des sujets familiers et concrets à partir des mots tirés ?
- Est-ce que vous comprenez la réponse ?

0 pt	*0,5 pt*	*1 pt*	*1,5 pt*	*2 pts*	*2,5 pts*	*3 pts*	*3,5 pts*	*4 pts*

▶ ***Le dialogue simulé (7 points)***
- Est-ce que vous savez demander quelque chose (un produit, un service) et donner quelque chose (de l'argent) à quelqu'un ?

0 pt	*0,5 pt*	*1 pt*	*1,5 pt*	*2 pts*	*2,5 pts*	*3 pts*	*3,5 pts*	*4 pts*

- Est-ce que vous savez vous adresser poliment à quelqu'un (un vendeur, une personne dans la rue, etc.) ?

0 pt	*0,5 pt*	*1 pt*	*1,5 pt*	*2 pts*	*2,5 pts*	*3 pts*

CONNAISSANCE DE LA LANGUE

▶ ***Lexique / correction lexicale (3 points)***
- Est-ce que vous connaissez les mots qui correspondent à la situation tirée ?
- Est-ce que vous connaissez les formules utiles dans cette situation ?

0 pt	*0,5 pt*	*1 pt*	*1,5 pt*	*2 pts*	*2,5 pts*	*3 pts*

▶ ***Morphosyntaxe / correction grammaticale (3 points)***
- Est-ce que vous savez utiliser des phrases simples correctement ?

0 pt	*0,5 pt*	*1 pt*	*1,5 pt*	*2 pts*	*2,5 pts*	*3 pts*

▶ ***Maîtrise du système phonologique (3 points)***
- Est-ce que vous prononcez bien les mots et les expressions ?
- Est-ce qu'on vous comprend facilement ou est-ce qu'il faut vous faire répéter ?

0 pt	*0,5 pt*	*1 pt*	*1,5 pt*	*2 pts*	*2,5 pts*	*3 pts*

REPÉREZ VOS POINTS FORTS ET VOS POINTS FAIBLES

Voici la première étape de votre préparation. Vous allez repérer votre niveau par compétence (compréhension de l'oral, compréhension des écrits, production écrite, production orale). Une série d'exercices progressifs et notés va vous permettre de situer vos points forts et vos points faibles.

Qu'est-ce qu'on vous demande ?

COMPRÉHENSION DE L'ORAL

Vous écoutez des enregistrements relatifs à des situations de la vie quotidienne et vous devez répondre à des questionnaires de compréhension.

COMPRÉHENSION DES ÉCRITS

Vous lisez des documents relatifs à des situations de la vie quotidienne et vous devez répondre à des questionnaires de compréhension.

PRODUCTION ÉCRITE

Vous remplissez un formulaire, complétez un texte, écrivez un courriel, une carte postale.

PRODUCTION ORALE

Vous répondez à des questions, vous posez des questions, vous retrouvez la question à partir de la réponse, vous jouez une scène en suivant les étapes indiquées.

BILAN

À la fin de chaque compétence, sur la page bilan, vous reporterez vos points et vous remplirez le portfolio.

SYNTHÈSE DE VOTRE AUTO-ÉVALUATION

À la fin de cette partie, une synthèse de votre auto-évaluation vous permettra de faire un point sur l'ensemble des quatre compétences et d'orienter votre préparation.

Quelques conseils pour vous aider

- Essayez de faire cette auto-évaluation en une fois.
- N'utilisez pas de dictionnaire ou de grammaire.
- Quand vous ne parvenez pas à faire un exercice, passez rapidement au suivant.
- Vous ne comprendrez peut-être pas tous les mots, mais ce n'est pas grave ; par exemple, en compréhension de l'oral, concentrez-vous seulement sur un ou deux éléments précis du message pour pouvoir répondre.

Je peux comprendre des mots familiers et des expressions très courantes au sujet de moi-même, de ma famille et de l'environnement concret et immédiat, si les gens parlent lentement et distinctement.

Comprendre des annonces publiques

... / 6

Compétence travaillée

Je peux comprendre des annonces brèves et simples, si elles sont accompagnées d'une image.

1 Si l'image correspond à ce que vous entendez, cochez la case. *Exemple :* Vous entendez la phrase : *Bienvenue dans votre magasin Carrefour !* Elle correspond à l'image : vous cochez la case.

1 ☐

2 ☐

3 ☐

4 ☐

5 ☐

6 ☐

Comprendre des mots ou des expressions isolés

... / 8

Compétences travaillées

- Je peux comprendre si on parle très lentement avec moi et s'il y a de longues pauses qui me laissent le temps de comprendre.
- Je peux distinguer les sons du français.

2 Écoutez et entourez le mot que vous entendez dans chaque séquence.

1. le ballon / le talon
2. le bonbon / le pompon
3. les cheveux / les chevaux
4. la date / la patte
5. elles s'ouvrent / elles ouvrent
6. foire/ voir
7. chou / joue
8. dater / taper

VOS POINTS FORTS ET VOS POINTS FAIBLES

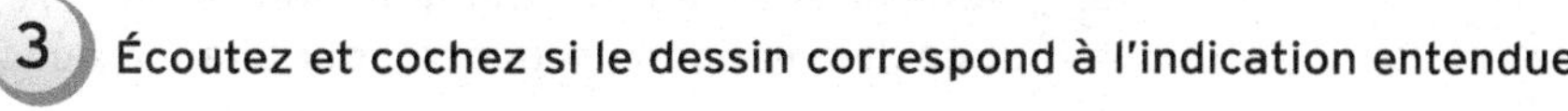

Comprendre des indications brèves et simples

... / 6

pétences travaillées

e peux comprendre
indications simples :
exemple, comment
r de A à B, à pied ou
les transports publics.
e peux suivre
instructions brèves
simples.
e peux comprendre
nombres, les prix
'heure.

3 Écoutez et cochez si le dessin correspond à l'indication entendue.

1 ❑

2 ❑

3 ❑

4 ❑

5 ❑

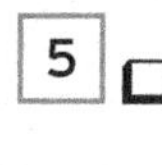

6 ❑

Comprendre des interventions isolées

... / 8

pétences travaillées

peux comprendre
n parle très lentement
istinctement avec moi
'il y a de longues pauses
me laissent le temps
saisir le sens.
peux comprendre
question ou une invitation
ire quelque chose
qu'elles me sont adressées
inctement et lentement.

4 Écoutez et cochez si le mot ou l'expression donnés correspondent à la situation entendue.

1. manger	❑	**2.** garage	❑
3. téléphone	❑	**4.** magasin	❑
5. chien	❑	**6.** 06 07 83 42 45	❑
7. livre	❑	**8.** tennis	❑

Comprendre des questions sur la vie quotidienne

... / 5

Compétence travaillée

Je peux comprendre des échanges simples (questions / réponses).

5 Vous allez entendre cinq questions et cinq réponses. Écoutez et cochez la bonne réponse pour chaque question.

1. Comment vous appelez-vous ?
- ❑ Je m'appelle Jean.
- ❑ J'ai appelé Jean.
- ❑ Je l'appelle Jean.

2. Quel âge avez-vous ?
- ❑ Il a 28 ans
- ❑ Vous avez 28 ans.
- ❑ J'ai 28 ans.

3. Avez-vous des enfants ?
- ❑ J'ai trois enfants.
- ❑ Vous avez trois enfants.
- ❑ Tu n'as pas d'enfant.

4. Vous vivez dans un appartement ?
- ❑ Je vis effectivement dans un appartement.
- ❑ Tu as choisi de vivre en appartement.
- ❑ Vous avez vendu un appartement.

5. Vous travaillez depuis longtemps ?
- ❑ J'ai commencé il y a vingt ans.
- ❑ Je travaille depuis dix ans.
- ❑ J'ai eu ce travail après un stage.

Comprendre les formules de politesse et de salutation

... / 8

6 Vous allez entendre huit formules de politesse et de salutations. Ensuite vous allez entendre huit dialogues en situation. Indiquez la formule entendue en face de chaque situation. Avant d'écouter, lisez la liste de formules de politesse et de salutations ci-dessous.

Compétences travaillées

- Je peux comprendre si on parle très lentement avec moi et s'il y a de longues pauses qui me laissent le temps de comprendre.
- Je peux comprendre les formules de politesse courantes.

a. Merci
b. S'il vous plaît
c. Excusez-moi
d. Bonjour
e. Salut
f. Mes salutations
g. Très heureuse de faire votre connaissance
h. Tous mes compliments.

Situation 1 : formule ....
Situation 2 : formule ....
Situation 3 : formule ....
Situation 4 : formule ....
Situation 5 : formule ....
Situation 6 : formule ....
Situation 7 : formule ....
Situation 8 : formule ....

Comptez vos points

Corrigez les exercices 1 à 6 à l'aide des corrigés p. 92.
Commencez par compter vos points pour chaque exercice, puis calculez votre total de points.

Exercice n°	1	2	3	4	5	6	Total des bonnes réponses
Nombre de bonnes réponses	... / 6	... / 8	... / 6	... / 8	... / 5	... / 8	...... / 41

Si vous avez au moins 25 bonnes réponses (sur 41), vous êtes proche du niveau A1 en compréhension de l'oral.
Si vous avez entre 12 et 24 points, vous devez encore vous familiariser avec le français. Écoutez la radio, la télé, réécoutez plusieurs fois les enregistrements des exercices.
Si vous avez moins de 12 points, vous avez encore du travail devant vous. Il vous faut « écouter » du français tout le temps : écouter des chansons françaises à la radio, regarder des films en V.O. française (sous-titrés dans votre langue ou en français) et regarder la télévision en français. Ainsi, vous progresserez rapidement.

Remplissez le portfolio

Remplissez seul le portfolio ou faites-le remplir par votre professeur :
– faites le bilan de ce que vous savez faire maintenant ;
– déterminez les objectifs à atteindre.

Pour remplir le portfolio, utilisez les signes suivants :
– dans les colonnes BILAN : x = Je peux faire cela. / xx = Je peux faire cela bien et facilement.
– dans les colonnes OBJECTIFS : ! = Ceci est un objectif assez important pour moi. / !! = Ceci est un objectif très important (prioritaire) pour moi.

MES COMPÉTENCES EN COMPRÉHENSION DE L'ORAL	BILAN Ce que je sais faire maintenant		OBJECTIFS Ce qu'il me reste à apprendre	
	À mon avis	Selon mon professeur	À mon avis	Selon mon professeur
Je peux comprendre des annonces brèves et simples. → *Voir les résultats de l'exercice 1.*				
Je peux distinguer les sons du français. → *Voir les résultats de l'exercice 2.*				
Je peux comprendre les nombres, les prix et l'heure. → *Voir les résultats de l'exercice 3.*				
Je peux comprendre des indications simples. → *Voir les résultats de l'exercice 3.*				
Je peux suivre des instructions brèves et simples. → *Voir les résultats de l'exercice 3.*				
Je peux comprendre une question ou une invitation à faire quelque chose lorsqu'elles me sont adressées distinctement et lentement. → *Voir les résultats de l'exercice 4.*				
Je peux comprendre si on parle très lentement et distinctement avec moi et s'il y a de longues pauses qui me laissent le temps de saisir le sens. → *Voir les résultats des exercices 1 à 6.*				
Je peux comprendre des échanges simples. → *Voir les résultats de l'exercice 5.*				
Je peux comprendre les formules de politesse courantes. → *Voir les résultats de l'exercice 6.*				

Je peux comprendre des noms familiers, des mots ainsi que des phrases très simples, par exemple dans des annonces, des affiches ou des catalogues.

Comprendre des textes courts de la vie quotidienne

... / 4

Compétence travaillée

Je peux comprendre des textes très courts et simples, phrase par phrase, en repérant des noms, des mots familiers ou des expressions très élémentaires et en relisant, si nécessaire.
Il s'agit, par exemple, de lire et de comprendre les informations portées sur une carte de visite, des petites annonces, des publicités, des affichettes, des panneaux, des listes, un menu au restaurant ou une page sur Internet.

1 Vous voulez aller au restaurant ce soir. Attention : vous ne mangez pas de viande et pas de poisson, mais vous adorez le chocolat, vous ne buvez pas d'alcool. Lisez le menu et entourez vos choix dans le menu ci-dessous.

Restaurant Le Petit Verdurin

Entrées au choix :
Salade au fromage de chèvre chaud
Toast de foie gras à la vodka

Plats au choix :
Bœuf bourguignon
Spaghetti tomates basilic
Poisson au four (selon arrivage)

Desserts au choix :
Fondant chocolat
Tarte du jour
Crème brûlée

1/4 de vin du mois ou 1/2 d'eau minérale

Comprendre un message écrit (carte postale, carton d'invitation, faire-part)

... / 5

Compétence travaillée

Je peux comprendre des messages simples et brefs, par exemple sur une carte postale.
Il s'agit de messages se trouvant par exemple sur une carte postale, mais aussi sur un faire-part (de naissance, de mariage, de décès), une invitation (à un spectacle, à un vernissage d'exposition, à une soutenance de thèse de doctorat), ou encore sur un carton d'invitation, un courrier électronique (courriel), un texto (sms) sur un téléphone mobile.

2 Lisez le carton d'invitation et cochez la réponse ou les bonnes réponses (deux au maximum).

Mathieu Blazuec a le plaisir de vous inviter
le 2 avril 2006 à 17 h 00 pour la présentation de son livre :
La francophonie en Grèce, de 1821 à nos jours

Bibliothèque de l'Université de Lyon
21 avenue de la République
Bâtiment A, escalier C, 4e étage, salle « François-Mitterrand »

La présentation sera suivie à 19 h 00 d'un apéritif offert par les Éditions du DELF pour tous.

Réponse souhaitée : 06.00.87.87.21 ou accueil@univ-lyon.fr

1. Mathieu Blazuec présente :
- ❑ un film.
- ❑ sa thèse de doctorat.
- ❑ un article de journal.
- ❑ un livre.
- ❑ un dictionnaire.

2. La présentation commence :
- ❑ après la réception.
- ❑ à 19 h 00.
- ❑ à 17 h 00.
- ❑ après l'apéritif.
- ❑ à midi.

3. Après la présentation :
- ❑ Mathieu Blazuec dédicace son livre.
- ❑ vous rencontrez le directeur de la bibliothèque.
- ❑ vous êtes invité à boire un verre.
- ❑ vous devez acheter l'ouvrage.
- ❑ vous rencontrez François Mitterrand.

4. L'auteur vous demande de répondre à son invitation :
- ❑ par courrier postal.
- ❑ par courrier électronique.
- ❑ par fax.
- ❑ par téléphone.
- ❑ en laissant une lettre à la Bibliothèque de l'Université.

S'orienter d'après un document écrit

... / 4

mpétences travaillées

Je peux suivre des indications rèves et simples.
Je peux reconnaître les noms, s mots ou expressions les plus ɔurants dans les situations rdinaires de la vie quotidienne.
s'agit par exemple :
d'aller faire les courses etrouver les commerçants, istinguer les produits, repérer s prix, etc.) ;
de s'orienter dans un grand agasin (repérer un bâtiment, n escalier ou un ascenseur, n étage, un rayon, un stand, tc.) ;

3 **Lisez le courriel et marquez d'une croix sur le plan chaque repère indiqué par Dimitri : Sortie RER, Palais de justice, Place de l'Hôtel de Ville, Coiffeur. Ensuite, retracez sur le plan le chemin à suivre.**

Envoyer maintenant | Options | Insérer | Catégories

De : dimdim@tornado.org
À : bruno4357@laposte.fr
Cc :
Objet : RDV dimanche soir

Police | Taille

Salut Bruno,
Dimanche, c'est l'anniversaire de Réna. Je sais que tu es très occupé mais essaie de passer vers 20 h 00 au Soutine Bar à Antony pour qu'on fasse une surprise à notre amie. Tu te rappelles où c'est ? C'est tout près de l'Hôtel de Ville, sur la place, à côté du coiffeur. En sortant du RER devant le lycée, tu passes à côté du Palais de Justice. Ensuite, tu prends la première rue à gauche. Tu n'as plus que 50 mètres à faire et tu tombes juste sur le Soutine.
À dimanche !
Dimitri.

- se rendre à un rendez-vous d'après des informations écrites, en comprenant les indications données et en les appliquant à la lecture d'un plan (plan d'aérogare, de gare, de port, de ville, de routes, de jardin public, d'exposition en plein air, d'établissement scolaire, de musée, de parc d'attraction, etc.).

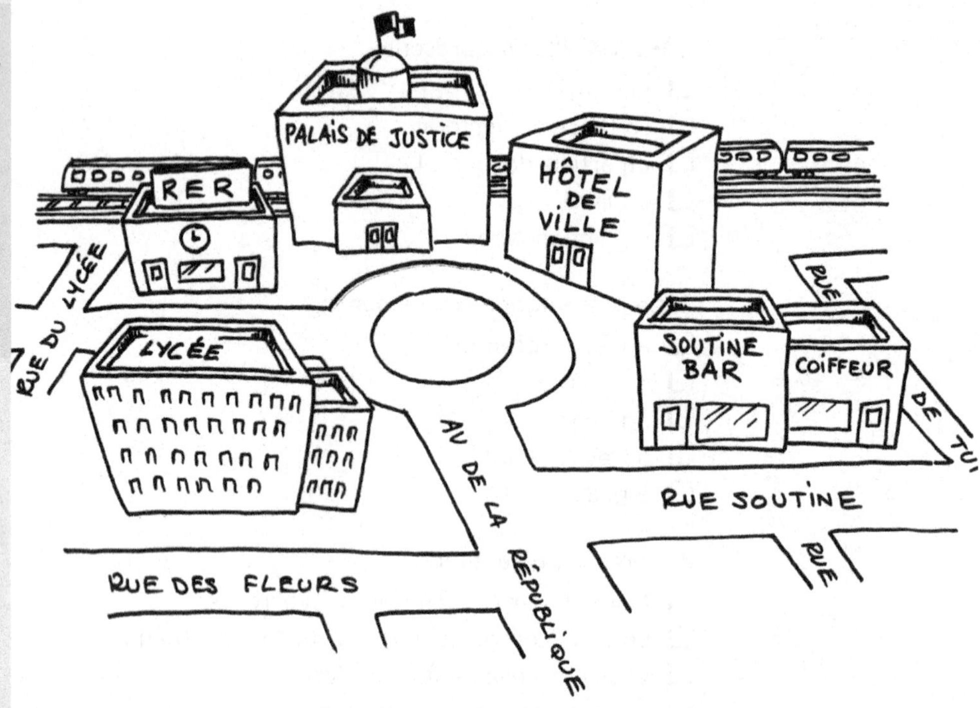

Analyser des informations écrites simples pour faire un choix

... / 5

Compétence travaillée

Je peux me faire une idée du contenu d'un texte informatif assez simple, surtout s'il est accompagné d'un document visuel. Il s'agit par exemple d'un bulletin météorologique, d'un horoscope, d'un portail Internet, d'une brochure touristique, d'horaires de trains, d'un catalogue de vente par correspondance, d'un programme de télévision ou de spectacles, d'une brochure scolaire ou universitaire (programme des cours, dates d'inscription, documents administratifs à fournir, tarifs, emplois du temps).

4 Lisez le programme des films et répondez aux questions.

7e École militaire

La Pagode
57 bis, rue de Babylone
75007 Paris
Métro : Saint-François-Xavier
Opération « une séance pour deux » : jusqu'au dimanche 18, pour une place achetée, nous vous offrons une deuxième place gratuite. Attention : pas de réservation possible cette semaine dans votre cinéma. Les réservations sur Internet reprennent le mercredi 21 septembre.

Le parfum de la dame en noir
Policier (1 h 55) de Bruno Podalydès, avec Denis Podalydès, Jean-Noël Brouté, Pierre Arditi.
*Presse : ** Spectateurs : ****
Séances tous les jours : 14 h, 16 h 30, 19 h 30, 22 h.

Broken flowers
en V.O.
Comédie (1 h 45) de Jim Jarmusch, avec Bill Murray, Jeffrey Wright, Sharon Stone.
*Presse : *** Spectateurs : ***
Séances tous les jours : 13 h 10, 15 h 30, 17 h 30, 19 h 30, 22 h.

Bon voyage
Comédie (1 h 54) réalisée par Jean-Paul Rappeneau, avec Isabelle Adjani, Virginie Ledoyen, Yvan Attal.
*Presse : ** Spectateurs : ***
Séances : mardi à 11 h et jeudi à 15 h, 17 h 30, 19 h 30, 22 h.

1. L'opération « une séance pour deux » permet d'avoir :

- ❑ deux billets pour le prix d'un.
- ❑ une réservation pour le 21 septembre.
- ❑ une affiche gratuite.

2. Lequel de ces films a été le plus apprécié par les spectateurs ?

- ❑ *Bon voyage.*
- ❑ *Broken flowers.*
- ❑ *Le parfum de la dame en noir.*

3. Quel film est interprété par deux actrices françaises ?

- ❑ *Le parfum de la dame en noir.*
- ❑ *Bon voyage.*
- ❑ *Broken flowers.*

4. Vous souhaitez aller au cinéma avec Paul. Paul veut voir un film français et n'est pas libre le mardi. Vous n'aimez pas les films policiers.
Vous allez voir :

- ❑ *Le parfum de la dame en noir.*
- ❑ *Broken flowers.*
- ❑ *Bon voyage.*

5. Vous allez au restaurant avant le film. Quelle séance choisissez-vous?

- ❑ 11 h 00
- ❑ 22 h 00
- ❑ 19 h 30

Comprendre des instructions écrites simples

. . . / 4

Compétences travaillées

- Je peux suivre des indications brèves et simples.
- Je peux reconnaître les noms, les mots ou expressions les plus courants dans les situations ordinaires de la vie quotidienne. Il peut s'agir de comprendre un mode d'emploi (ou des conseils de préparation), de trouver son chemin (d'aller d'un point à un autre), de comprendre une notice de médicament ou une ordonnance de médecin, de cuisiner selon une recette, de comprendre des instructions domestiques (garder le chat ou arroser les plantes du voisin pendant son absence, etc.).

5 **Votre voisine Claudine est partie en vacances et vous avez accepté de garder son chat. Lisez le message et cochez les instructions données.**

Merci de me garder Lulu ! Je rentre dans une semaine.
Voici quelques recommandations :
– Donnez-lui à manger une seule fois par jour, le soir de préférence (un peu de croquettes ou une boîte de pâtée mais pas les deux à la fois). Il y a aussi des sardines à l'huile.
– Donnez-lui à boire : moitié lait, moitié eau.
– Nettoyez sa caisse tous les jours (le matin).
– Attention si vous ouvrez la fenêtre : il ne doit pas sortir ! Il ne faut pas non plus le laisser partir dans l'escalier.
Vous verrez, il est très gentil ! Encore merci.

Claudine

1. Le chat mange :
- ❑ une fois par jour.
- ❑ deux fois par jour.
- ❑ matin, midi et soir.

2. Vous donnerez à manger à Lulu :
- ❑ ou bien des croquettes ou bien de la pâtée.
- ❑ seulement des sardines.
- ❑ un mélange de croquettes et de pâtée.

3. Lulu doit boire :
- ❑ du lait.
- ❑ un jour du lait, un autre de l'eau.
- ❑ de l'eau et du lait mélangés.

4. Le chat :
- ❑ doit sortir par la fenêtre.
- ❑ ne doit pas sortir.
- ❑ doit toujours sortir avec vous.

Comprendre des instructions écrites ... moins simples

... / 3

Compétences travaillées

- Je peux suivre des indications brèves et simples.
- Je peux reconnaître les noms, les mots ou expressions les plus courants dans les situations ordinaires de la vie quotidienne. Il peut s'agir de comprendre un mode d'emploi (ou des conseils de préparation), de trouver son chemin (d'aller d'un point à un autre), de comprendre une notice de médicament ou une ordonnance de médecin, de cuisiner selon une recette, de comprendre des instructions domestiques (garder le chat ou arroser les plantes du voisin pendant son absence, etc.).

6 **Vous vous installez en France. Vous trouvez sur Internet les conseils suivants pour louer un appartement. Lisez-les et répondez aux questions.**

www.seloger.com

Pour louer un appartement en France, on peut passer par une agence immobili re, elles ont 90 % des offres.

Ensuite, vous devez :

1. payer l agence (un mois de loyer)
2. verser une caution (deux mois de loyer)
3. signer un contrat de bail, c est le contrat de location valable trois ans

1. Vous devez payer à l'agence immobilière : ....

2. Pour confirmer votre location, vous devez payer : ....

3. Quelle est la durée du contrat de location ? ....

Comptez vos points

Corrigez les exercices 1 à 6 à l'aide des corrigés p. 92.
Commencez par compter vos points pour chaque exercice, puis calculez votre total de points.

Exercices n°	1	2	3	4	5	6	Total des bonnes réponses
Nombre de bonnes réponses	... /4	... / 5	... / 4	... / 5	... / 4	... / 3	...... / 25

Si vous avez au moins 15 bonnes réponses (sur 25), vous êtes proche du niveau A1 en compréhension des écrits.
Si vous avez entre 10 et 15 points, vous devez encore vous familiariser avec la lecture de documents écrits, les plus divers. Pourquoi ne pas collectionner les documents en français, de toutes sortes, que vous trouvez et qui peuvent vous aider à progresser : plans, billets, prospectus, modes d'emploi, lettres, cartes postales, courriels, etc. Vous aurez vite une collection de documents qui vous sera très utile.
Si vous avez moins de 10 points, vous avez encore du travail devant vous. Il vous faut « lire » du français tout le temps : entraînez-vous chaque fois que c'est possible. Ainsi, vous progresserez rapidement !

Remplissez le portfolio

Remplissez seul le portfolio ou faites-le remplir par votre professeur :
– faites le bilan de ce que vous savez faire maintenant ;
– déterminez les objectifs à atteindre.

Pour remplir le portfolio, utilisez les signes suivants :
– dans les colonnes BILAN : x = J'arrive à faire cela. / xx = Je peux faire cela bien et facilement.
– dans les colonnes OBJECTIFS : ! = Ceci est un objectif assez important pour moi. / !! = Ceci est un objectif très important (prioritaire) pour moi.

MES COMPÉTENCES EN COMPRÉHENSION DES ÉCRITS	BILAN Ce que je sais faire maintenant		OBJECTIFS Ce qu'il me reste à apprendre	
	À mon avis	Selon mon professeur	À mon avis	Selon mon professeur
Je peux comprendre des textes très courts et simples, phrase par phrase, en repérant des noms, des mots familiers ou des expressions quotidiennes et en relisant, si nécessaire. → *Voir les résultats de l'exercice 1.*				
Je peux comprendre des messages simples et brefs, par exemple sur une carte postale. → *Voir les résultats de l'exercice 2.*				
Je peux reconnaître les noms, les mots ou expressions les plus courants dans les situations ordinaires de la vie quotidienne. → *Voir les résultats des exercices 3, 5 et 6.*				
Je peux comprendre un texte informatif assez simple, accompagné d'une image / d'un document. → *Voir les résultats de l'exercice 4.*				
Je peux suivre des indications simples (par exemple pour aller d'un point à un autre). → *Voir les résultats des exercices 3, 5 et 6.*				

Je peux écrire une courte carte postale simple, par exemple de vacances.
Je peux porter des détails personnels dans un questionnaire, inscrire par exemple mon nom, ma nationalité et mon adresse sur une fiche d'hôtel.

Recopier un texte court

... / 5

Compétence travaillée

Je peux copier des mots isolés et des textes courts imprimés normalement.

AUTO-ÉVALUATION

Comparez phrase par phrase, mot par mot, lettre par lettre ! Si vous avez recopié exactement le texte, vous avez 5 points. Vous perdez un point par erreur.

1 Choisissez un des textes ci-dessous et recopiez-le attentivement.

1

On croit que c'est facile
De ne rien faire du tout.
Au fond c'est difficile comme tout.
Il faut passer le temps.
C'est tout un travail [...].

Jacques Prévert

2

PETITES ANNONCES

APPEL À VOLONTAIRES

L'association *Unis Cités* cherche 70 jeunes de 18 à 25 ans pour des actions de solidarité, à temps plein avec une bourse de 550 € par mois.

Remplir un formulaire d'informations personnelles

... / 6

Compétence travaillée

Je peux écrire chiffres et dates, nom, nationalité, adresse, âge, date de naissance ou d'arrivée dans le pays, etc. sur une fiche d'hôtel par exemple.

2 Remplissez la fiche ci-dessous, pour obtenir une carte de membre.

INSCRIPTION AU CENTRE DE LANGUE

Photographie

Année universitaire : 20... - 20...

NOM (en majuscules) : ....

Prénom : ....

Date de naissance : ....

Lieu de naissance : ....

Nationalité(s) : ....

Adresse(s) : ....

Adresse électronique (courriel) : ....

Téléphone : ....

1. Êtes-vous déjà allé(e) en France ? Combien de fois ? ....
2. Quelles langues vivantes pratiquez-vous ? ....
3. Quelles sont vos activités de loisir (sport, musique, club...) ?

....

VOS POINTS FORTS ET VOS POINTS FAIBLES

AUTO-ÉVALUATION

Vérifiez que vous avez bien rempli la fiche à l'aide du tableau ci-contre. -hez les cases correspondant aux informations que vous avez bien indiquées. total correspond à 6 points. Retirer 1/2 point par rubrique manquante.

Informations à ne pas oublier (1/2 point par information)	J'y ai pensé !
L'année universitaire	
Mon nom	
Mon prénom	
Quand je suis né	
Où je suis né	
Ma nationalité	
Mon adresse postale	
Mon adresse électronique	
Mon téléphone	
Mes séjours en France	
Mes langues	
Mes loisirs	

Rédiger une carte postale

... / 7

Compétence travaillée

-e peux écrire une carte postale -mple et brève.

3 **Vous êtes à Athènes, en Grèce, vous écrivez une carte postale à un ami en France. Vous parlez de vos activités et vous décrivez l'endroit où vous vous trouvez (40 à 50 mots).**

....
....
....
....
....
....
....
....

Monsieur Alexis MARTINEAU

8, rue de l'Alma

59 100 Roubaix

FRANCE

AUTO-ÉVALUATION

Vérifiez que vous avez bien indiqué les éléments notés dans le tableau ci-contre. -hez les cases correspondant aux informations que vous avez bien indiquées. Vérifiez la grammaire et l'orthographe à l'aide du dictionnaire ou avec votre professeur.

Informations à ne pas oublier (1 point par information)	J'y ai pensé !
La date de la carte	
La personne à qui je m'adresse	
Le lieu où je me trouve	
Ma description de l'endroit où je me trouve	
Mes activités	
Une formule de politesse à la fin de la carte	
Ma signature	

Échanger des informations personnelles

... / 7

Compétence travaillée

Je peux demander ou transmettre par écrit des renseignements personnels détaillés.

4 Votre professeur de français vous a mis en relation avec un correspondant, étudiant francophone. Vous lui écrivez pour la première fois : vous vous présentez et lui posez quelques questions (40 à 50 mots).

....

....

....

....

....

....

....

AUTO-ÉVALUATION

Vérifiez que votre lettre contient les éléments du tableau ci-contre. Cochez les cases correspondant aux informations que vous avez bien indiquées. Chaque case cochée vaut 1/2 point. Le total sera votre note sur 7. Vérifiez l'orthographe et la grammaire à l'aide du dictionnaire ou avec votre professeur.

Informations à ne pas oublier (1/2 point par information)	J'y ai pensé !
Le lieu d'où j'écris	
La date de la lettre	
Les salutations à la personne à qui je m'adresse	
Une formule de politesse à la fin de la lettre	
Ma signature à la fin de la lettre	

Informations que je peux donner sur moi ou questions que je peux poser à mon correspondant (1/2 point par information)	Sur moi	Sur lui
Mon nom		
Mon prénom		
Mon âge		
Ma situation familiale		
Mon adresse		
Ma profession ou mes études		
Mes activités		
Mes centres d'intérêt		
Mon goût pour le français		

Noter des informations

... / 5

Compétence travaillée

Je peux noter des informations.

5 Un ami francophone vous a laissé un message sur votre répondeur téléphonique : il vous donne rendez-vous ce soir. Écoutez son message et notez les cinq informations importantes pour le retrouver. Vous pouvez réécouter le message.

1. ....
2. ....
3. ....
4. ....
5. ....

AUTO-ÉVALUATION

Regardez les cinq réponses p. 93.

Comptez vos points

Corrigez les exercices 1 à 5 à l'aide des corrigés p. 92.
Commencez par compter vos points pour chaque exercice, puis calculez votre total de points.

Exercice n°	1	2	3	4	5	Total des points
Nombre de points	... / 5	... / 6	... / 7	... / 7	... / 5	...... / 30

Si vous avez au moins 20 points (sur 30), vous êtes très proche du niveau A1 en production écrite.
Si vous avez entre 12 et 20 points, vous devez encore vous familiariser avec le français. Saisissez toutes les occasions : commencez par recopier des mots, puis écrivez des mots, des listes de mots que vous aimez en français.
Si vous avez moins de 12 points, vous avez encore du travail devant vous. Il vous faut « écrire » en français tout le temps : écrivez des phrases sur vous, vos amis, votre famille. Recopiez de petits textes. Ainsi, vous progresserez rapidement.

Remplissez le portfolio

Remplissez seul le portfolio ou faites-le remplir par votre professeur :
– faites le bilan de ce que vous savez faire maintenant ;
– déterminez les objectifs à atteindre.

Pour remplir le portfolio, utilisez les signes suivants :
– dans les colonnes BILAN : x = J'arrive à faire cela. / xx = Je peux faire cela bien et facilement.
– dans les colonnes OBJECTIFS : ! = Ceci est un objectif assez important pour moi. / !! = Ceci est un objectif très important (prioritaire) pour moi.

MES COMPÉTENCES EN PRODUCTION ÉCRITE	BILAN Ce que je sais faire maintenant		OBJECTIFS Ce qu'il me reste à apprendre	
	À mon avis	Selon mon professeur	À mon avis	Selon mon professeur
Je peux copier des mots isolés et des textes courts imprimés normalement. → *Voir les résultats de l'exercice 1.*				
Je peux écrire chiffres et dates, nom, nationalité, adresse, âge, date de naissance ou d'arrivée dans le pays, etc. sur une fiche d'hôtel par exemple. → *Voir les résultats de l'exercice 2.*				
Je peux écrire une courte carte postale simple. → *Voir les résultats de l'exercice 3.*				
Je peux demander ou donner par écrit des renseignements sur moi-même. → *Voir les résultats de l'exercice 4.*				
Je peux noter des informations. → *Voir les résultats de l'exercice 5.*				

Prendre part à une conversation
Je peux communiquer, de façon simple, à condition que l'interlocuteur répète ses phrases plus lentement et m'aide. Je peux poser des questions simples sur des sujets familiers ou sur ce dont j'ai besoin, ainsi que répondre à de telles questions.

S'exprimer oralement en continu
Je peux utiliser des expressions et des phrases simples pour décrire mon lieu d'habitation et les gens que je connais.

Se présenter

... / 17

Compétences travaillées

- Je peux répondre dans un entretien à des questions personnelles posées très lentement et clairement dans une langue simple.
- Je peux interagir de façon simple, mais la communication dépend totalement de la répétition et du rythme, de la reformulation et des corrections.
- Je peux répondre à des questions simples et en poser, produire des affirmations sur des sujets très familiers.

1 **Vous avez déménagé. Votre nouveau voisin vient vous voir pour faire connaissance. Écoutez ses questions et répondez. Puis, écoutez le dialogue en entier.**

1. – Bonjour, je suis Claude Martin, j'habite à côté. Comment vous appelez-vous ?
– (...)
2. – Quand êtes vous arrivé(e) ?
– (...)
3. – Bienvenue ! Et d'où venez-vous ?
– (...)
4. – Je n'y suis jamais allé. Vous aimez les voyages ?
– (...)
5. – Et quelle est votre profession ?
– (...)
6. – Et que faites-vous pendant vos loisirs ?
– (...)
7. – Je suis heureux d'avoir fait votre connaissance. Au revoir. À bientôt, j'espère.
– (...)

2 **On vous aborde dans la rue pour vous poser des questions pour un sondage. Écoutez les questions et répondez. Puis écoutez le dialogue en entier.**

1. – Bonjour ! Je peux vous poser quelques questions ?
– (...)
2. – Quelle est votre nationalité ?
– (...)
3. – Où êtes-vous né(e) ?
– (...)
4. – Avez-vous des enfants ?
– (...)
5. – Quelle est votre profession ?
– (...)
6. – Vous vivez dans cette ville depuis longtemps ?
– (...)
7. – Vous pouvez me parler de l'endroit où vous habitez ?
– (...)
8. – Qu'est-ce que vous allez faire aujourd'hui ?
– (...)
9. – Vous faites souvent du sport ?
– (...)
10. – Merci de m'avoir répondu. Au revoir !
– (...)

VOS POINTS FORTS ET VOS POINTS FAIBLES

Présenter quelqu'un et demander de ses nouvelles

. . . / 6

npétences travaillées

e peux présenter quelqu'un
utiliser les expressions utiles
début et fin de conversation.
e peux demander à quelqu'un
ses nouvelles et y réagir.

3 **Vous êtes dans la rue avec Sébastien, votre cousin et vous croisez Sam, un ami.**

1. Vous saluez Sam.
2. Vous le présentez à Sébastien.
3. Vous demandez à Sam de ses nouvelles.
4. Vous donnez de vos nouvelles à Sam.
5. Vous voulez revoir Sam. Vous fixez un rendez-vous.
6. Vous prenez congé.

Donner des indications brèves et demander des objets / des produits

. . . / 5

npétences travaillées

oduction orale à visée
actionnelle (par exemple,
arer une voiture, discuter
document, organiser
elque chose).
e peux donner
s indications brèves
simples.
e peux demander des objets
utrui et en donner.

4 **Vous avez acheté des oranges. Vous rentrez à la maison et vous demandez à votre compagnon de faire un jus de fruit frais.**

1. Vous formulez votre demande.
2. Vous indiquez où se trouve le presse-fruits.
3. Vous demandez des glaçons.
4. Vous demandez du sucre.
5. Enfin, vous remerciez.

Acheter des biens

. . . / 7

npétences travaillées

e peux demander
elque chose à quelqu'un
le lui donner.
e peux me débrouiller
ec les nombres, les quantités,
gent et l'heure.

5 **Voici une liste de courses. Vous devez acheter trois produits de cette liste. Pour chaque produit, dites au vendeur la quantité que vous voulez et demandez le prix. Enfin, calculez le prix total de vos courses (1 point pour le prix total et 2 points par produit).**

Pain de campagne (2 € le kg)
Pommes (3 € le kg)
Jus d'oranges (1,50 € le kg)
Raisin (3 € le kg)
Saumon fumé (50 € le kg)
Vin de Bourgogne (10,70 € la bouteille)
Vin de Loire (5,50 € la bouteille)
Eau minérale (0,90 € la bouteille)

Comptez vos points

Corrigez les exercices 1 à 5 à l'aide des corrigés p. 93.
Commencez par compter vos points pour chaque exercice, puis calculez votre total de points.

Exercices n°	1	2	3	4	5	Total des points
Nombre de points	... / 7	... / 10	... / 6	... / 5	... / 7	...... / 35

Si vous avez au moins 20 points (sur 35), vous êtes très proche du niveau A1 en production orale.
Si vous avez entre 12 et 20 points, il faut vous entraîner. Commencez par écouter des enregistrements en français et répétez ce que vous entendez. Travaillez par deux sur des situations simples, jouez les situations. Vous pouvez aussi apprendre des chansons et les chanter, ou utiliser les karaokés.
Si vous avez moins de 12 points, écoutez des enregistrements, et répétez en vous enregistrant. Répétez, articulez en français des formules simples. Mémorisez des dialogues simples et répétez-les.

Remplissez le portfolio

Remplissez seul le portfolio ou faites-le remplir par votre professeur :
– faites le bilan de ce que vous savez faire maintenant ;
– déterminez les objectifs à atteindre.

Pour remplir le portfolio, utilisez les signes suivants :
– dans les colonnes BILAN : x = J'arrive à faire cela. / xx = Je peux faire cela bien et facilement.
– dans les colonnes OBJECTIFS : ! = Ceci est un objectif assez important pour moi. / !! = Ceci est un objectif très important (prioritaire) pour moi.

MES COMPÉTENCES EN PRODUCTION ORALE	BILAN Ce que je sais faire maintenant		OBJECTIFS Ce qu'il me reste à apprendre	
	À mon avis	Selon mon professeur	À mon avis	Selon mon professeur
Je peux me présenter, de manière à la fois simple et complète. → *Voir les résultats des exercices 1 et 2.*				
Je peux présenter quelqu'un et demander de ses nouvelles. → *Voir les résultats de l'exercice 3.*				
Je peux répondre à des questions simples. → *Voir les résultats des exercices 1 et 2.*				
Je peux poser des questions simples sur des sujets familiers. → *Voir les résultats des exercices 1 et 2.*				
Je peux donner des indications brèves et simples et demander des objets à quelqu'un et en donner. → *Voir les résultats de l'exercice 4.*				
Je peux acheter quelque chose dont j'ai besoin. → *Voir les résultats de l'exercice 5.*				

Notez les points que vous avez obtenus pour chaque compétence et regardez quelles sont vos compétences fortes et vos compétences faibles.

Écouter A1	Je peux comprendre des mots familiers et des expressions très courantes au sujet de moi-même, de ma famille, si les gens parlent lentement. Mon total pour cette compétence : ... / 41
Lire A1	Je peux comprendre des noms familiers, des mots ainsi que des phrases très simples, par exemple dans des annonces, des affiches ou des catalogues. Mon total pour cette compétence : ... / 25
Écrire A1	Je peux écrire une carte postale simple et courte, par exemple de vacances. Je peux porter des détails personnels dans un questionnaire, inscrire par exemple mon nom, ma nationalité et mon adresse sur une fiche d'hôtel. Mon total pour cette compétence : ... / 30
Parler A1	**Prendre part à une conversation** Je peux communiquer, de façon simple, à condition que l'interlocuteur répète ou reformule ses phrases plus lentement et m'aide à formuler ce que j'essaie de dire. Je peux poser des questions simples sur des sujets familiers ou sur ce dont j'ai immédiatement besoin, ainsi que répondre à de telles questions. **S'exprimer oralement en continu** Je peux utiliser des expressions et des phrases simples pour décrire mon lieu d'habitation et les gens que je connais. Mon total pour cette compétence : ... / 35

Attention : les exercices que vous venez de faire dans cette première partie sont bien sûr différents de ceux qui vous attendent à l'examen – même s'ils visent eux aussi des compétences de niveau A1. Vos résultats pourraient être différents avec d'autres exercices.

DÉVELOPPEZ
VOS COMPÉTENCES

Voici la deuxième étape de votre préparation. Vous allez développer votre niveau par compétence (compréhension de l'oral, compréhension des écrits, production écrite, production orale). Une série d'exercices progressifs et variés va vous permettre d'améliorer vos compétences. À la fin de cette partie, vous serez entraîné pour le niveau A1.

Qu'est-ce qu'on vous demande ?

COMPRÉHENSION DE L'ORAL

Vous écoutez des dialogues relatifs à quatre situations de la vie quotidienne et vous devez répondre à des questionnaires de compréhension.

COMPRÉHENSION DES ÉCRITS

Vous lisez des documents relatifs à quatre situations de la vie quotidienne et vous devez répondre à des questionnaires de compréhension.

PRODUCTION ÉCRITE

À partir de quatre situations de la vie quotidienne, vous remplissez un formulaire, vous complétez un texte, vous écrivez un courriel ou une carte postale.

PRODUCTION ORALE

À partir de situations diverses de la vie quotidienne, vous répondez à des questions, vous posez des questions, vous retrouvez la question à partir de la réponse, vous jouez une scène en suivant les étapes indiquées.

Quelques conseils pour vous aider

- Si vous n'arrivez pas à faire un exercice, passez au suivant.
- À la fin du travail sur chaque compétence, revenez sur les exercices que vous avez mal compris ou qui vous ont donné du mal.
- Attention ! Les exercices sont volontairement de plus en plus difficiles. Ne vous étonnez pas !

DÉVELOPPEZ

À travers quatre situations de la vie quotidienne (« Au marché », « Tout Paris en voiture ! », « Qui est qui ? », « Au travail ! ») vous allez travailler les compétences de compréhension orale de niveau A1.
Vous écouterez les dialogues, puis vous ferez quatre ou cinq exercices par situation.
Quelques conseils :
– Lisez bien les consignes avant d'écouter les enregistrements, cela facilitera votre écoute.
– Écoutez chaque enregistrement deux fois.

Au marché

Comprendre une liste de courses

1 Bruno et Alice vont faire leurs courses de la semaine. Ils partent de chez eux pour aller au marché. Écoutez leur dialogue et répondez aux questions.

a) Complétez les chiffres entendus.
1. .... kilos de tomates
2. .... kilo d'oignons rouges
3. .... kilos de pommes
4. .... kilos de poires
5. .... litre de lait

b) Regardez les dessins et trouvez les trois éléments qui ne figurent pas dans la liste de courses.

salade

tomates

oignons

beurre

fromage

raisin

pommes

poires

œufs

lait

pain

cerises

pommes de terre

bananes

VOS COMPÉTENCES

Comprendre les formules de politesse et de salutation

2 **Bruno et Alice font leurs courses. Écoutez les enregistrements et notez le numéro de la séquence enregistrée sous la formule de salutation ou de politesse correspondante.**

Au revoir	Bonjour	S'il vous plaît	Merci	Pardon	Excusez-moi	Je vous remercie

Comprendre une conversation avec un(e) commerçant(e)

3 **Au marché, Alice et Bruno parlent avec la commerçante. Lisez d'abord les phrases et cochez la case VRAI ou FAUX au fur et à mesure que vous entendez le dialogue.**

	VRAI	FAUX
1. Les tomates sont belles.	❑	❑
2. Les poires coûtent 2 € le kilo.	❑	❑
3. Le raisin vient d'Espagne.	❑	❑
4. La marchande a des oignons blancs.	❑	❑
5. Deux salades coûtent le prix d'une salade.	❑	❑

Tout Paris en voiture !

Comprendre des indications (un itinéraire)

1 **Loïc arrive à l'aéroport Charles-de-Gaulle à Paris. Il prend un taxi pour aller à l'hôtel. Écoutez le dialogue et cochez la bonne réponse.**

1. L'hôtel Sainte-Catherine se situe :

❑ 2, rue de Sévigné.
❑ 6, rue de Sévigné.
❑ 10, rue de Sévigné.

2. Vous avez entendu :

❑ il habite près du parc.
❑ ils habitent près du parc.

3. Loïc a rendez-vous :

❑ à 8 heures.
❑ à 10 heures.
❑ à 12 heures.

2 **Le parcours de Loïc à travers Paris continue. Son meilleur ami Jacques l'accompagne en voiture pour le reste de la journée. Écoutez le dialogue et cochez la bonne réponse.**

1. Loïc a rendez-vous au :

❑ 5, rue Beaumarchais.
❑ 5, avenue Beaumarchais.
❑ 5, boulevard Beaumarchais.

2. Le nom de la place est :

- ❑ Place des Bêtes.
- ❑ Place des Sept.
- ❑ Place des Fêtes.

3. Loïc doit récupérer :

- ❑ sa collection de mode.
- ❑ sa collection de montres.
- ❑ sa collection d'émeraudes.

Se situer sur un plan

3 **Réécoutez les deux dialogues précédents et reconstituez l'itinéraire de Loïc à travers Paris : numérotez dans l'ordre les lieux et inscrivez l'heure de passage quand elle est donnée.**

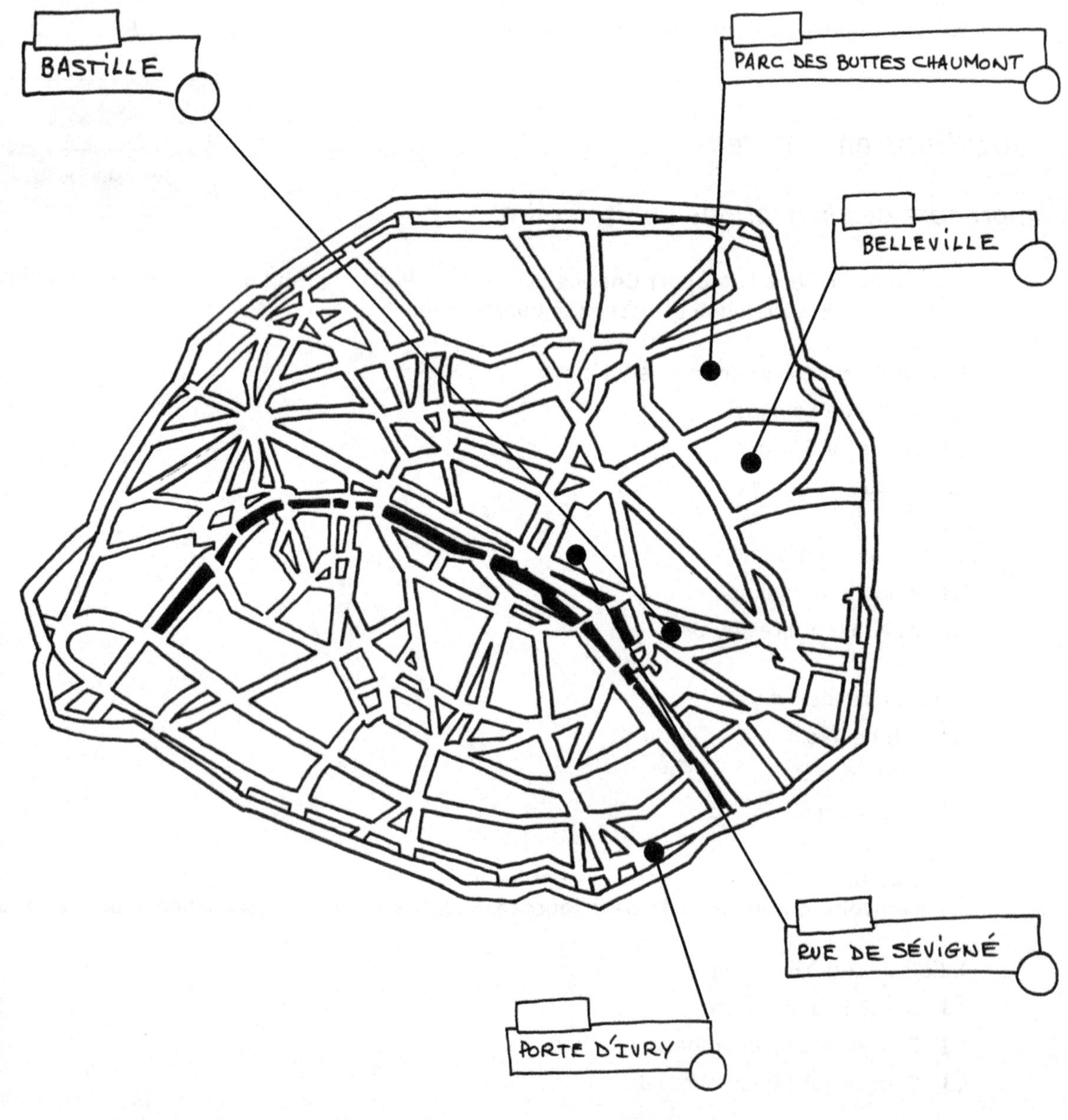

Qui est qui ?

Comprendre des personnes qui se présentent

1 **Les familles Martin et Rocher sont arrivées en voiture aux sports d'hiver. Elles ont loué des appartements dans le même immeuble. Écoutez la rencontre des deux familles et cochez la bonne réponse.**

1. Combien de personnes parlent ?

- ❑ Deux personnes parlent.
- ❑ Trois personnes parlent.
- ❑ Quatre personnes parlent.

2. La famille Martin habite :

- ❑ au premier étage.
- ❑ au deuxième étage.
- ❑ au troisième étage.

3. Comment s'appelle la femme qui se présente ?

- ❑ Béatrice Rocher
- ❑ Bérénice Rocher
- ❑ Brigitte Rocher

Comprendre des personnes qui parlent d'elles

2 **Le père, Jacques Martin, continue les présentations. Écoutez le dialogue : une fois en entier et une autre fois séquence par séquence. Répondez aux questions.**

Séquence 1 :

a. Combien de personnes ont parlé dans cette partie du dialogue ?
❑ 2 ❑ 3 ❑ 4 ❑ 5

b. Quel âge a la fille Rocher ? ❑ 12 ans ❑ 11 ans ❑ 13 ans

c. Comment s'appelle la fille Rocher ? ....

Séquence 2 :

a. Jean vient :
❑ pour la première fois. ❑ pour la deuxième fois. ❑ pour la troisième fois.

b. Jean :
❑ adore le ski. ❑ aime le sport en général. ❑ déteste le ski.

c. Marion :
❑ fait du ski pour la première fois. ❑ a un diplôme de ski. ❑ a un diplôme de saut à ski.

Séquence 3 :

a. Gilles propose : ❑ de partir en voiture. ❑ de vider les voitures. ❑ de laver les voitures.

b. Jacques propose l'aide : ❑ d'Élise. ❑ de Marion. ❑ de Jean.

c. Élise place Marion : ❑ dans la voiture. ❑ dans le hall. ❑ au premier étage.

Au travail !

Comprendre des questions sur le travail (des interviews)

1 **Un journaliste interroge des Français au travail. Il leur pose deux questions : 1) Quel est votre métier ? 2) Est-ce que vous aimez ce que vous faites ?**
Écoutez la réponse de dix personnes. Dans le tableau, pour chaque réponse donnée, cochez la profession et indiquer + ou – pour dire si la personne aime ou n'aime pas sa profession.

Profession	1	2	3	4	5	6	7	8	9	J'aime : + Je n'aime pas : –
Coiffeur										
Journaliste										
Pianiste										
Agriculteur										
Architecte										
Garagiste										
Vendeuse										
Professeur										
Secrétaire										

2 **Léa, la secrétaire, parle de son métier. Écoutez-la une première fois en entier. Ensuite, écoutez son témoignage phrase par phrase. Répondez aux questions.**

1. Léa a :
❑ 25 ans. ❑ 27 ans. ❑ 21 ans. ❑ 23 ans. ❑ 29 ans.

2. Elle parle l'espagnol :
❑ pas très bien. ❑ assez bien. ❑ bien. ❑ très bien.

3. Elle a étudié après le baccalauréat :
❑ une année. ❑ deux années. ❑ des années. ❑ dix années.

4. Elle a travaillé pour un homme d'affaires.
❑ vrai ❑ faux

5. Son expérience en Suisse a duré :
❑ 10 mois. ❑ 6 mois. ❑ 8 mois. ❑ 2 mois.

6. Actuellement elle est secrétaire pour un dentiste.
❑ vrai ❑ faux

7. Son patron est agréable.
❑ vrai ❑ faux

8. Elle s'ennuie énormément.
❑ vrai ❑ faux

9. Elle veut travailler :
❑ pour un particulier. ❑ chez un commerçant. ❑ dans une société importante.

Comprendre des offres d'emploi (des annonces à la radio)

3 **Léa cherche un poste d'assistante de direction. Trois offres d'emplois sont diffusées à la radio. Elle les écoute attentivement. Écoutez-les aussi et cochez les caractéristiques des différents emplois dans le tableau. (Attention : il peut y avoir plusieurs réponses pour le même emploi.)**

	A	B	C	D	E
Caractéristiques / **Offre d'emploi**	bilingue	informatique	expérience à l'étranger	dynamique	commerce / gestion
1. Eurovoyages					
2. Atoutsur					
3. Groupe alimentaire					

À travers quatre situations de la vie quotidienne (« Au restaurant », « Joyeux événements », « Vivre en bonne santé », « La vie au travail »), vous allez travailler les compétences de compréhension écrite de niveau A1.

<u>Quelques conseils</u> :

– Lisez bien les consignes et les questions avant de lire les textes.

– Regardez les textes, dans leur ensemble, en entier, avant de les lire dans le détail.

– Souvent, vous n'avez pas besoin de tout comprendre en détail : il faut seulement repérer les informations essentielles pour comprendre.

– Pensez aux indices transparents entre votre langue et le français : les chiffres, les mots identiques ou proches, les sigles (ONU, OCDE...).

Au restaurant

Comprendre un menu

1 Françoise et Patrick sont au restaurant. Ils choisissent leur menu. Lisez la carte du restaurant ci-dessous puis répondez aux questions.

À la bonne auberge

Restaurant recommandé par le Guide la Bonne Humeur

Menu Découverte de nos régions

Entrées (au choix) :
- Salade Côte d'Azur (poivrons, tomates, ail, basilic, anchois)
- Melon aux figues
- Soupe de l'Océan à la crème

Plats (au choix) :
- Pavé de bœuf et son gratin de pommes de terre aux truffes (supplément : 3 €)
- Spaghetti aux trois poissons
- Tomates farcies à la mode de Toulouse

Plateau de fromages de France et salade (Livarot, Camembert, Roquefort, Comté, Chèvre cendré)

Desserts (au choix) :
- Tarte aux pommes caramélisées
- Compotes de fruits rouges à la menthe
- Crème aux trois chocolats

20 € TTC

1. Le restaurant *À la bonne auberge* propose :

❑ une cuisine asiatique. ❑ une restauration rapide. ❑ une cuisine régionale.

2. Combien de fois Patrick et Françoise vont-ils être servis au cours du repas ?

❑ trois fois ❑ quatre fois ❑ six fois

3. Combien de plats comportent du poisson ? 1❑ 2❑ 3❑

4. Combien de fromages sont présentés ? ....

5. Combien coûte le menu avec le pavé de bœuf ? ....

6. Quelles sont les deux questions ci-dessus pour lesquelles vous avez pu utiliser des indices transparents ? La question n°.......... et la question n°..........

Comprendre des conseils / indications (dans un article de presse)

2 Voici un article dans un magazine qui donne des conseils pour bien choisir les boissons en fonction des plats. À l'aide de cet article, aidez Patrick et Françoise à faire leur choix. Répondez aux questions.

Au restaurant, comment choisir ce qu'on boit ?

Pour accompagner les entrées :

Les vins doux (Porto, Madère…) accompagnent le melon.

Attention, s'il s'agit de salades ou de soupe, préférez l'eau !

Ensuite pour les plats principaux :

Pour accompagner les poissons, vous préférerez les vins blancs secs.

Pour accompagner les viandes, vous choisirez des vins rouges.

À la bonne auberge

Carte des vins

Vins blancs			
	Sancerre 2003	la bouteille (75 cl)	35 euros
		au verre	6 euros
	Chablis 2004	la bouteille (75 cl)	30 euros
		le verre	7 euros
Vin rouge			
	Bourgogne 1998	la bouteille (75 cl)	37 euros
Champagne			
	Veuve Clicquot 2004	la bouteille (75 cl)	50 euros
Vins italiens			
	Asti Spumante 2003	la bouteille (75 cl)	28 euros
	Verde 2005	la bouteille (75 cl)	30 euros
Vin doux			
	Porto	le verre	6 euros

1. Combien de rubriques différentes la carte présente-t-elle ? ❑ 10 ❑ 4 ❑ 5

2. Quel est l'indice visuel qui vous a aidé ? ....

3. Pour accompagner la soupe de l'Océan, quelle boisson choisissez-vous ? ....

4. Pour accompagner le pavé de bœuf, quel vin choisissez-vous ? ....

5. Quelles sont les différentes quantités de vin indiquées sur la carte de la Bonne Auberge ?

a. .... **b.** ....

6. Quel est le vin le plus vieux ? ....

S'orienter d'après un document écrit (un message)

3 **Pendant le dîner, Françoise et Patrick reçoivent un SMS d'Anne et Luc.**

> Coucou ! Rendez-vous vers 23 h au cocktail offert par Jean Bussac pour l'ouverture de sa nouvelle galerie de peinture : 15 rue de la Tombe-Issoire, Métro Alésia. 5 stations de chez vous, Place d'Italie. Tous les amis seront là. À plus tard !

a) Répondez aux questions.

1. Le SMS est une invitation à :

❑ une soirée dansante.
❑ un anniversaire.
❑ un cocktail.

2. Les indices du rendez-vous :

a. L'heure : ....

b. L'adresse : ....

c. Le propriétaire de la galerie : ....

d. L'événement : ....

b) À partir du plan de métro de Paris ci-dessous, indiquez à quelle station Françoise et Patrick doivent changer de ligne pour aller de Place d'Italie à Alésia.

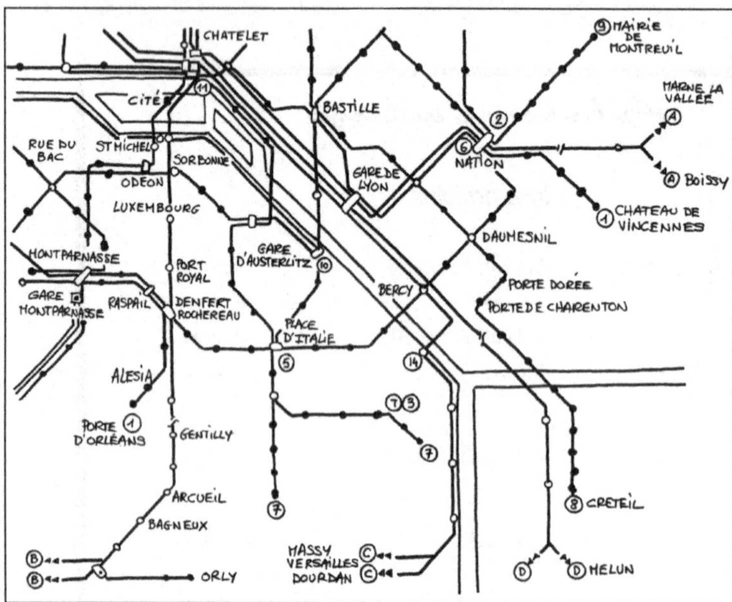

Comprendre des informations écrites (prix, adresses, dates, horaires)

4 **À la fin du repas, le patron leur apporte l'addition avec une carte de visite du restaurant.**

a) Comment arrive-t-on à un total de 89 € ? À partir de l'addition de Françoise et Patrick, du menu de l'exercice 1 et de la carte des vins de l'exercice 2, refaites l'addition.

> **ADDITION**
> 2 menus Découverte
> 1 salade du midi
> 1 soupe de l'Océan
> 2 pavés de bœuf
> 2 compotes de fruits rouges
> 2 cafés
> 1 bouteille de Bourgogne
> Total = 89 euros

b) Répondez maintenant aux questions à partir de la carte de visite du restaurant.

À LA BONNE AUBERGE

Restaurant « 2 fourchettes » dans les guides touristiques.
15, rue de la Butte aux Cailles 75013 Paris
Métro : Place d'Italie
Tél. : 07 42 77 19 47

Sur réservation uniquement
Du lundi au samedi, de 20 heures à 2 heures du matin.
De septembre à juin.

Plan d'accès :
Le parking réservé à la clientèle se situe au 18, rue du Paulin Méry
Au bout de la rue de la Butte aux Cailles (direction place d'Italie),
prendre la deuxième à gauche puis la 2e à droite.

1. Quel est l'itinéraire à suivre entre le parking et le restaurant ? Tracez-le sur le plan.

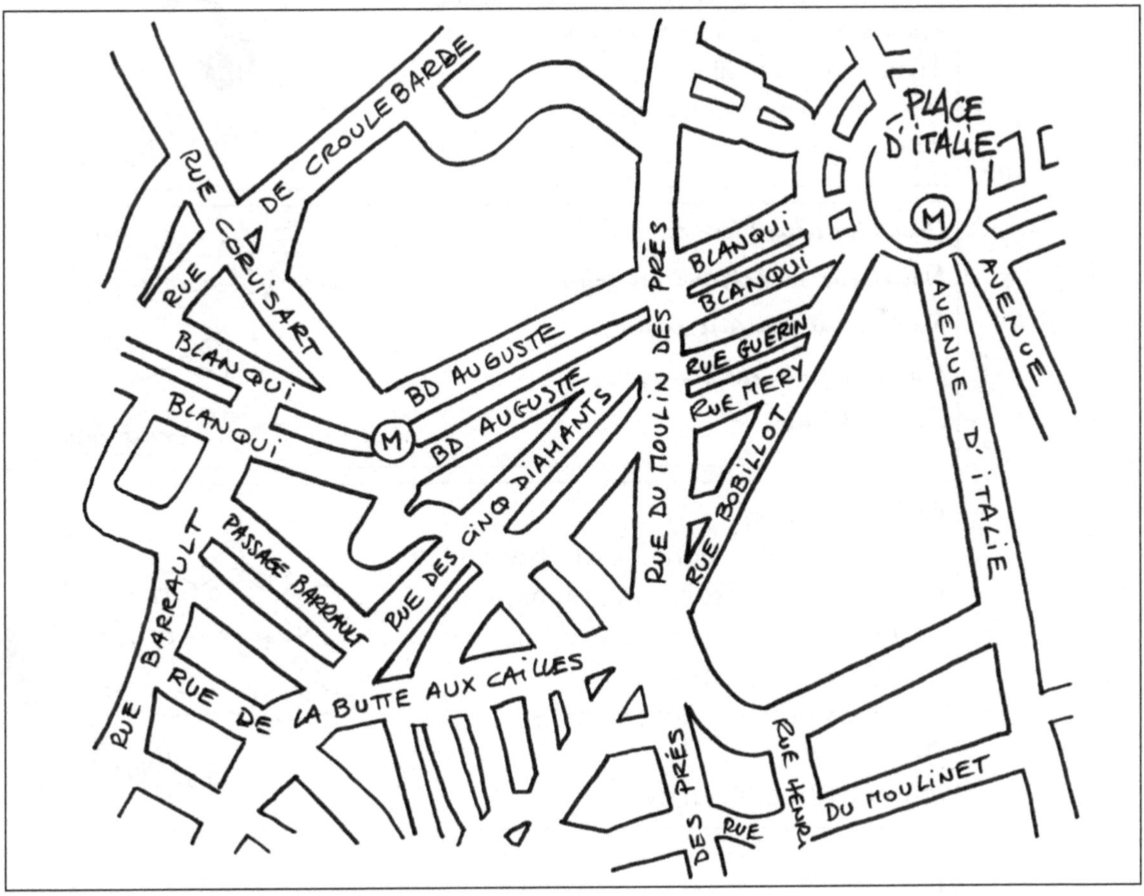

2. Les réservations aux dates suivantes sont-elles possibles ?

Demandes de réservation	Possible	Impossible
a. pour le dimanche 23 septembre, à 22 heures	❑	❑
b. pour le lundi 14 juillet à 20 heures	❑	❑
c. pour le mardi 4 février à 19 heures	❑	❑

Joyeux événements

Comprendre des vœux (des cartes)

1 **Au mois de décembre, Jean et Aline préparent Noël. Ils envoient les cartes de vœux. Lisez les cartes de vœux de Jean et Aline et complétez le tableau suivant.**

1

Cher Jacques,
Nous te souhaitons un joyeux Noël au Canada et nous espérons te revoir en France cette année, si possible chez nous.
Amitiés.
Jean et Aline

2

Odile, Jean et les trois petits,
Nous pensons souvent à vous et profitons de ces vœux de Noël pour vous inviter pour les vacances de février une semaine dans notre maison en Bretagne.
Il y aura aussi Nadine.
Bises et joyeux Noël à Lyon.
Jean et Aline

3

Cher Monsieur Mercier,
Nous vous souhaitons un joyeux Noël et une heureuse année.
Avec notre amical souvenir.
Jean et Aline

4

Chère Louise,
Ce Noël sera l'occasion de retrouver vos petites filles. Nous sommes certains que vous leur préparerez de très bons plats.
Une très bonne santé à vous.
Bien à vous.
Jean et Aline Mourdin

5

Cher Nicolas,
Joyeux Noël sous les Tropiques.
Sur ton île, tu as bien préparé un bon repas de Noël.
À très bientôt, j'espère. Je t'embrasse.
Ton grand frère Jean

Information / Carte de vœux	La carte de vœux est aussi une invitation : – oui – non	Où habite le destinataire ? – indication précise – on ne sait pas (= NSP)	Le destinataire est : – un ami – un membre de la famille – une connaissance
Carte n° 1			
Carte n° 2			
Carte n° 3			
Carte n° 4			
Carte n° 5			

Comprendre des informations écrites (noms, prénoms, lieux, dates)

2 **Aline et Jean lisent les petites annonces d'un journal.**

Le Carnet du Monde

17/12/2005

• Monsieur et Madame Le Grand
15, rue de la République
14000 Caen
Monsieur et Madame Duruflet
216, rue Saint Martin
75003 Paris
ont la joie de vous annoncer le mariage d'Agnès Le Grand et Guy Duruflet.
La cérémonie aura lieu le 22 décembre à la Mairie de Caen à 16 heures.

• Jeanne et Gérard Treaupot ont la joie de vous annoncer la naissance de leur fils, Jules le 16 décembre 2005 à 12 heures à Caen.
Des grands yeux marron et 53 cm de bonheur !

• Le maire de Paris organise un concert sur le parvis de l'Hôtel de Ville, devant la Mairie, le soir de Noël à partir de 18 heures.
La chorale de Paris chantera les plus beaux chants de Noël. Spectacle gratuit.

a) Remplissez la fiche récapitulative suivante.

Nom de la future mariée : ....

Prénom de la mariée : ....

Adresse de ses parents : ....

Nom du futur marié : ....

Prénom de la marié : ....

Lieu du mariage : ....

Date du mariage : ....

b) Remplissez la carte d'identité de Jules.

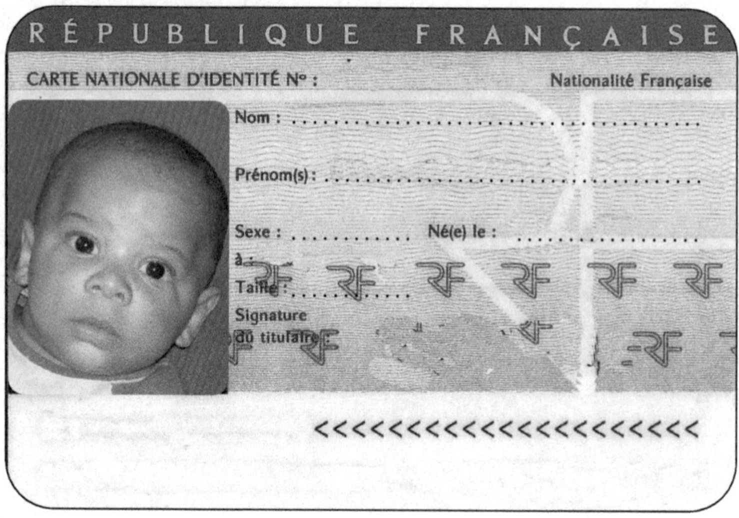

c) Notez dans votre agenda les informations (date, heure, lieu, type de spectacle, thème, prix) sur le spectacle de la Mairie de Paris.

Comprendre un programme de spectacles

3 Pour le Nouvel An, Jean et Aline décident d'aller à un spectacle le soir avant le dîner prévu à 22 heures.

OFFICIEL DES SPECTACLES

CAFÉ-THÉÂTRE

1. ***Les trois ours***
Spectacle comique interprété par Romain Ribes : *Noël, ma mère !*
31/12 : à 20 heures
10, rue aux Ours
75003 Paris
Tél. : 01 42 18 24 25
Sur réservation uniquement

2. ***L'impromptu***
Spectacle musical pour enfants : Chantons sous la neige
Sur une musique originale d'Anne Sylvestre
Le 31/12 : à 18 heures
15, rue Mouffetard
75005 Paris
Tél. : 01 44 18 18 16

3. ***Jazz et comédie***
Une mini-comédie musicale : Noël à la Nouvelle-Orléans
31/12 : à 22 heures
7, rue de Lappe
75011 Paris
Tél. : 01 42 67 47 19

a) Associez le dessin qui convient à chaque spectacle.

a. 

b. 

c. 

....

b) Indiquez l'emplacement des trois cafés-théâtres sur le plan ci-dessous. Notez le numéro du théâtre dans le bon arrondissement.

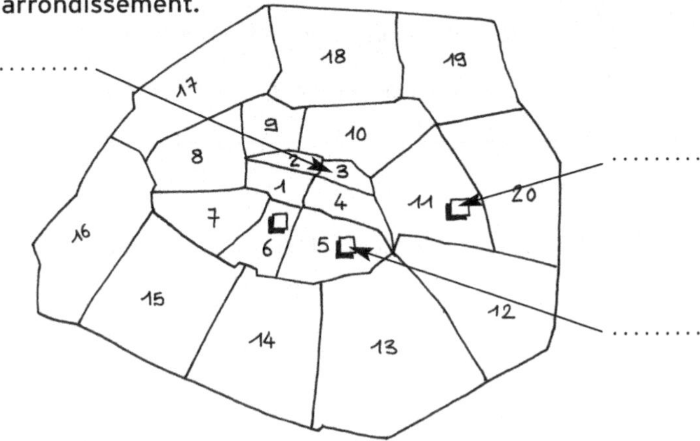

c) Quel spectacle convient à Jean, Aline et leurs amis ? Vérifiez l'heure et l'intérêt du spectacle pour eux. ....

Vivre en bonne santé

Comprendre des conseils / indications (dans un article de presse)

1 Vous lisez les conseils suivants dans un article. Cochez l'activité qui correspond à l'une des quatre règles données dans l'article.

> ***4 règles pour être en bonne santé***
>
> *Pour être en forme quatre choses sont importantes :*
> *a. faire attention à ce qu'on mange et boit*
> *b. faire de l'exercice physique*
> *c. vivre sans stress et profiter de la vie*
> *d. bien dormir*

	a	b	c	d
1. Faire dix minutes de sieste.				
2. Rencontrer souvent ses amis.				
3. Aller au cinéma.				
4. Dormir sept heures par nuit.				
5. Contrôler son poids.				
6. Faire du sport deux fois par semaine.				
7. Prendre des vacances.				
8. Éviter les boissons sucrées.				
9. Marcher une heure chaque jour.				
10. Manger des fruits et des légumes.				

Comprendre des informations écrites (horaires, jours, durées...)

2 **Vous lisez la suite de l'article. Notez sur votre agenda les activités sportives recommandées.**

Faites du sport !

Aujourd'hui dans nos sociétés, nous bougeons peu.

Une activité physique régulière est conseillée :

– tous les jours, un quart d'heure de marche à pied ;

– une fois par semaine, 3/4 d'heure de vélo ou de natation.

	Lundi	Mardi	Mercredi	Jeudi	Vendredi	Samedi	Dimanche
Activité(s)	....	....	....	....	....	....	....
Durée de l'activité	... minutes	... minutes	... minutes	... minutes	... minutes	... minutes	... minutes

Comprendre des instructions écrites

3 **Vous choisissez finalement de faire un peu de gymnastique tous les jours chez vous. Associez l'image à la bonne consigne.**

1. Asseyez-vous sur une chaise. Posez les mains sur les genoux.
2. Levez le bras gauche à hauteur de l'épaule.
3. Levez et tendez la jambe droite.
4. Mettez les mains derrière la tête.
5. Tournez la tête à droite et à gauche lentement.
6. Levez-vous et tendez les bras vers le plafond.

a .... b .... c .... d .... e .... f ....

La vie au travail

Comprendre des instructions écrites (des notes de service)

1 **Jérôme est stagiaire dans une compagnie d'assurances. Il reçoit des notes de service par la messagerie interne. Cochez la bonne réponse.**

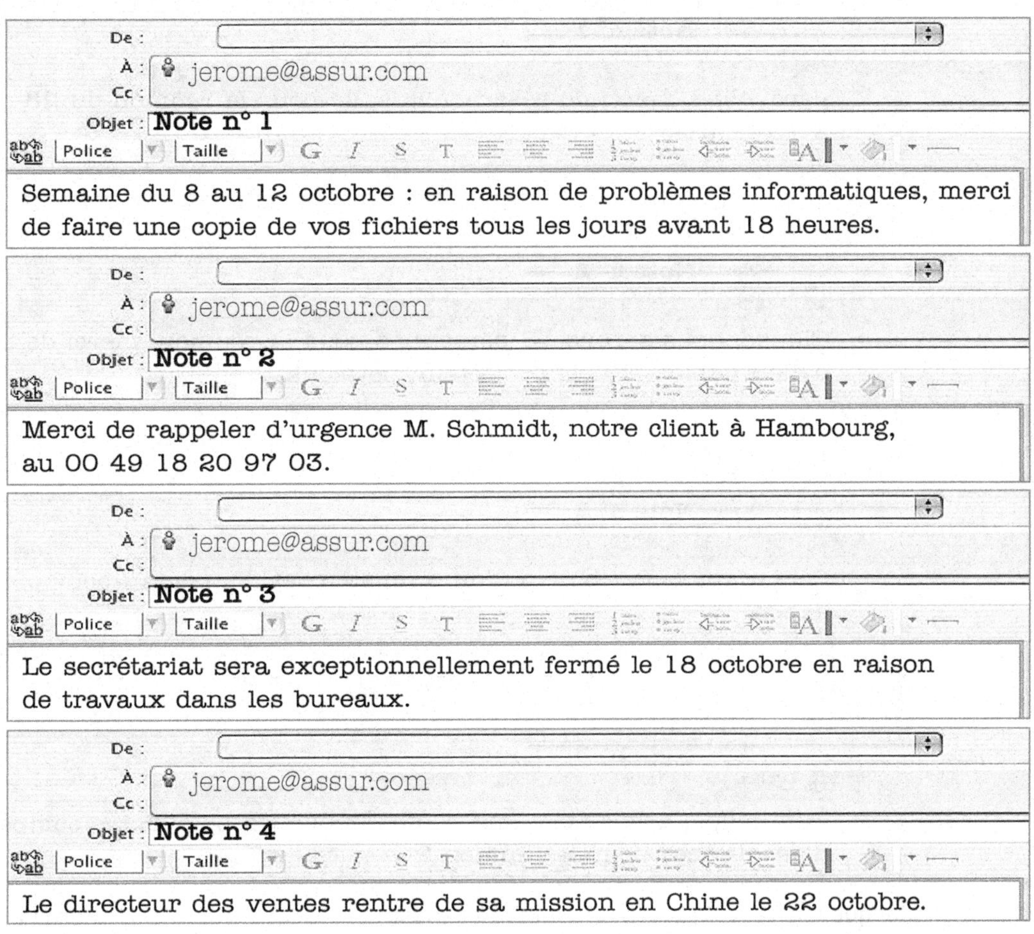

De :
À : jerome@assur.com
Cc :
Objet : **Note n° 1**

Semaine du 8 au 12 octobre : en raison de problèmes informatiques, merci de faire une copie de vos fichiers tous les jours avant 18 heures.

De :
À : jerome@assur.com
Cc :
Objet : **Note n° 2**

Merci de rappeler d'urgence M. Schmidt, notre client à Hambourg, au 00 49 18 20 97 03.

De :
À : jerome@assur.com
Cc :
Objet : **Note n° 3**

Le secrétariat sera exceptionnellement fermé le 18 octobre en raison de travaux dans les bureaux.

De :
À : jerome@assur.com
Cc :
Objet : **Note n° 4**

Le directeur des ventes rentre de sa mission en Chine le 22 octobre.

1. Note n° 1 :

La semaine du 8 au 12 octobre :

- ☐ il faut éteindre son ordinateur avant 18 heures.
- ☐ il ne faut pas travailler sur ses fichiers avant 18 heures.
- ☐ il faut penser à copier ses fichiers avant 18 heures.

2. Note n° 2 :

- ☐ Jérôme doit écrire à M. Schmidt.
- ☐ Jérôme attend l'appel téléphonique de M. Schmidt.
- ☐ Jérôme doit téléphoner à M. Schmidt.

3. Note n° 3 :

- ☐ La secrétaire est malade.
- ☐ Les bureaux du secrétariat ferment le 18 octobre.
- ☐ Le secrétariat est en grève le 18 octobre.

4. Note n° 4 :

- ☐ Le directeur des ventes part en Chine le 22 octobre.
- ☐ Le directeur des ventes rentre en France le 22 octobre.
- ☐ Le directeur des ventes est en Chine le 22 octobre.

2 **Jérôme aide à organiser la prochaine réunion de direction. Il envoie différents messages à ses collègues. Associez la personne à l'action qu'elle doit accomplir et aux informations qui la concernent.**

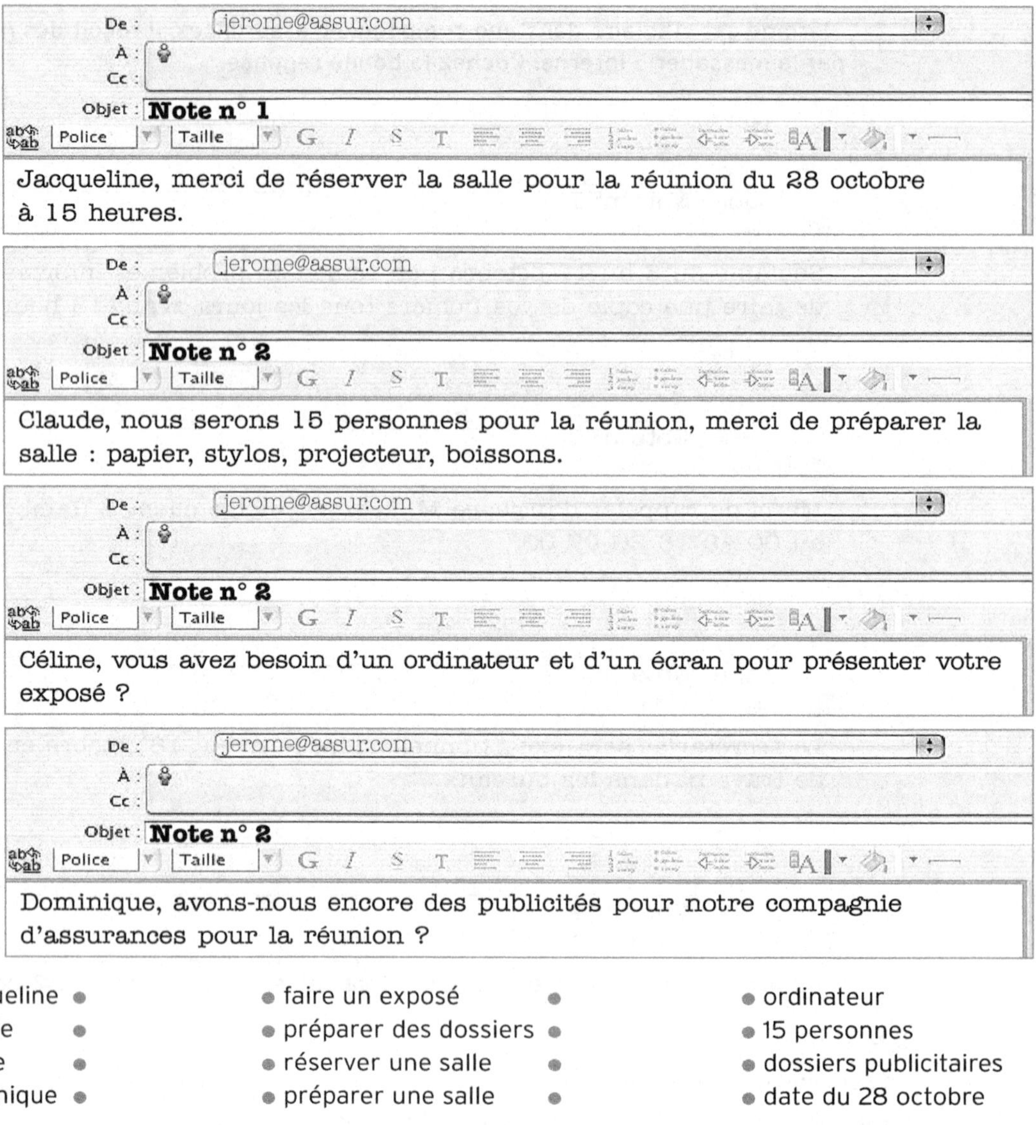

De : jerome@assur.com
À :
Cc :
Objet : **Note n° 1**
Police | Taille | G I S T

Jacqueline, merci de réserver la salle pour la réunion du 28 octobre à 15 heures.

De : jerome@assur.com
À :
Cc :
Objet : **Note n° 2**
Police | Taille | G I S T

Claude, nous serons 15 personnes pour la réunion, merci de préparer la salle : papier, stylos, projecteur, boissons.

De : jerome@assur.com
À :
Cc :
Objet : **Note n° 2**
Police | Taille | G I S T

Céline, vous avez besoin d'un ordinateur et d'un écran pour présenter votre exposé ?

De : jerome@assur.com
À :
Cc :
Objet : **Note n° 2**
Police | Taille | G I S T

Dominique, avons-nous encore des publicités pour notre compagnie d'assurances pour la réunion ?

Jacqueline •	• faire un exposé •	• ordinateur
Claude •	• préparer des dossiers •	• 15 personnes
Céline •	• réserver une salle •	• dossiers publicitaires
Dominique •	• préparer une salle •	• date du 28 octobre

Comprendre une invitation (un carton)

3 **Jérôme envoie les invitations pour la réunion du 28 octobre. Cochez la bonne réponse.**

LE GROUPE ASSUR.COM

a l'honneur de vous inviter à la réunion de direction
le 28 octobre à 15 heures
88, rue d'Artois
75008 Paris

Une voiture attendra à l'aéroport Charles-de-Gaulle nos invités de l'étranger.

Pour tout renseignement sur la réunion du 28 octobre,
vous pouvez contacter Véronique au +33 1 42 18 17.

1. La note est :
- ❑ une invitation.
- ❑ un avis d'information.
- ❑ une publicité.
- ❑ on ne sait pas.

2. À qui demander des renseignements ?
- ❑ à Jérôme
- ❑ au groupe ASSUR.COM
- ❑ à Véronique
- ❑ on ne sait pas

3. La réunion a lieu :
- ❑ à l'aéroport Charles-de-Gaulle.
- ❑ rue d'Artois.
- ❑ à l'étranger.
- ❑ on ne sait pas.

4. La réunion a lieu :
- ❑ le matin.
- ❑ l'après-midi.
- ❑ le soir.
- ❑ on ne sait pas.

5. La voiture attendra :
- ❑ Véronique.
- ❑ le directeur.
- ❑ les personnes de l'étranger.
- ❑ tous les membres de la réunion.

DÉVELOPPEZ

À travers quatre situations de la vie quotidienne (« En cuisine ! », « Promenade en ville », « En vacances », « Achats sur Internet »), vous allez développer votre compétence d'écriture de niveau A1.

Quelques conseils :

– Quand on écrit, on écrit avec un objectif précis dans une situation précise.

– L'objectif est d'écrire peu mais clairement.

– Recopiez des mots et des expressions en français pour vous habituer à l'orthographe du français.

En cuisine !

Rédiger une recette

1 Jean et Lou décident d'inviter des amis. Ils préparent une tarte au poisson. Rédigez la recette de la tarte de Jean et Lou à partir du modèle ci-dessous (1. *Mettez*...).

Tarte aux lardons

Temps de préparation : 20 minutes

Cuisson : 25 minutes

1. *Mettre 125 grammes de lardons dans une poêle et chauffer.*
2. *Préparer une pâte brisée avec 200 grammes de farine.*
3. *Étaler la pâte brisée dans un moule + ajouter les lardons.*
4. *Battre 3 oeufs + 25 cl de crème fraîche + 25 cl de lait + 2 pincées de poivre.*
5. *Verser ce mélange sur la pâte + 100 grammes de fromage.*
6. *Cuire pendant ... minutes.*

1. ....
2. ....
3. ....
4. ....
5. ....
6. ....

Écrire une liste de courses

2 Pour faire leur tarte, Jean et Lou doivent aller faire les courses. À partir de la recette que vous avez écrite, écrivez la liste des courses.

LISTE DES COURSES À FAIRE :

– 200 g de farine (pour la pâte brisée)
– 3 œufs
– ....
– ....
– ....

VOS COMPÉTENCES

Composer un menu

3 Pour le dîner, il y a d'autres plats. Jean est né à Bordeaux et Lou vient de Normandie : ils choisissent des spécialités de leurs régions. À partir de la liste des plats et des vins sur la carte de France ci-dessous, composez le menu : faites un choix par rubrique (entrées et desserts) et recopiez-le dans chaque menu.

Menu de Jean	*Menu de Lou*
Entrée	**Entrée**
–	– ....
Plat principal	**Plat principal**
– *Tarte au poisson*	– *Tarte au poisson*
Fromage	**Fromage**
–	– ....
Dessert	**Dessert**
–	– ....

4 **Après le dîner, un couple d'amis est resté dormir chez Jean et Lou. Aidez Jean et Lou à composer un petit déjeuner équilibré et varié pour le dimanche matin et le lundi matin. Le dimanche est une exception : on a le droit aux croissants frais. Complétez les fiches de petit déjeuner.** ***Exemple : laitage → yaourt.***

Petits déjeuners

Lundi

– un laitage : ....

– un fruit : ....

– une boisson : ....

– des céréales ou du pain : ....

Dimanche

– un laitage : ....

– un fruit : ....

– une boisson : ....

– des céréales ou du pain : ....

Promenade en ville

Laisser un message écrit

1 **Céline et Jean-Marc passent devant l'immeuble de Yves. Ils montent chez lui pour boire un café, il est 14 heures. Il n'est pas là. Ils laissent un message dans sa boîte aux lettres : ils demandent à Yves de leur téléphoner. Vous rédigez le message à leur place. Vous devrez indiquer leur heure de passage, le motif de leur visite, ce qu'ils lui demandent (3 lignes).**

Salut Yves !

....

....

....

Noter ce que l'on voit

2 **Jean-Marc voit une affiche de publicité. Il note en trois phrases les trois informations essentielles de l'affiche. Notez-les pour lui.**

INTERNET POUR TOUS

La ville de Lyon et Rhône-Alpes Télécom
se sont associés pour une offre promotionnelle
du 12 octobre au 4 novembre : ADSL Haut débit pour 10 € par mois
Appelez au : 0800 206 206 pour connaître les conditions.

1. ....
2. ....
3. ....

Échanger des coordonnées

3 **Céline et Jean-Marc rencontrent ensuite de vieux amis de lycée dans la rue. Ils échangent leurs coordonnées. Imaginez les coordonnées de Céline et Jean-Marc.**

Nom de famille : ....

Adresse : ....

Téléphone : ....

Courriel : ....

Remplir un formulaire d'abonnement

4 **Céline va au théâtre pour remplir sa fiche d'abonnement. Elle organise ses soirées pour le mois de novembre. Elle a un budget de 30 € maximum. Remplissez le formulaire pour Céline.**

PROGRAMME DU THÉÂTRE DE LYON

Saison 2005-2006

5, 6, 7 octobre : *Le roi Lear* – Shakespeare

16 au 22 novembre : *La danse et la tauromachie* – Saporta

23 octobre au 5 décembre : *Festival de musique indienne*

6 décembre au 20 décembre : *L'impromptu de Versailles* – Molière*

21 décembre au 2 janvier : *Les nuits de Shéhérazade* – conte musical

FORMULAIRE D'ABONNEMENT

Nom : ....

Prénom : ....

Date de naissance : ....

Adresse : ....

Téléphone : ....

Choix de la formule

❑ Formule « tous les spectacles » 120 €

❑ Formule « 3 spectacles » 90 €

❑ Formule « 1 spectacle imposé* + 1 spectacle au choix » 30 €

Indiquez le ou les spectacles choisis (selon la formule), ainsi que la date retenue :

Spectacle : ....

Date : ....

En vacances !

Écrire une carte postale

1 Léo et Clément Perrault sont en vacances en Bretagne, à Crozon. Ils campent et font du bateau. Ils pêchent tous les jours. Ils sont amis avec les pêcheurs du coin. Imaginez et rédigez la carte que Léo et Clément écrivent à leurs parents : ils racontent où ils sont et ce qu'ils font (40 mots environ). Imaginez et rédigez la carte pour eux.

Remplir un formulaire d'envoi en recommandé

2 Léo et Clément vont à la poste. Ils envoient un cadeau : un petit bateau dans une bouteille à leur mère Anne, à Paris, pour son anniversaire dans deux jours. Remplissez le formulaire d'envoi en recommandé pour eux. Imaginez les coordonnées de leur mère.

LA POSTE — **ENVOI D'UN OBJET RECOMMANDÉ AVEC AVIS DE RÉCEPTION**

Colis ❑ Lettre ❑ Mandat ❑

Tarif lent (48 heures) ❑

Tarif rapide (24 heures) ❑

Destinataire

Nom : ....

Prénom : ....

Adresse : ....

....

Code postal :

Commune : ....

Date d'envoi : ....

Signature du destinataire :

Expéditeur

Nom : ....

Prénom : ....

Adresse : ....

....

Code postal :

Commune : ....

Date d'envoi : ....

PREUVE DE DISTRIBUTION

UTILISER UN STYLO BILLE / APPUYER FORTEMENT

Écrire la suite d'une histoire

3 Dans leur carnet de voyage, Léo et Clément inventent une histoire autour du petit bateau dans la bouteille. Imaginez et écrivez la suite du texte (3 lignes).

Conseil :
Vous écrivez la suite mais pas forcément la fin. Vous pouvez donc passer votre texte à un autre étudiant de français qui le continuera.

Un tout petit pêcheur navigue sur un tout petit bateau. Il n'aime pas vivre sur la mer : ça bouge tout le temps. Il rêve d'une vie calme. Un jour, ...

....

....

....

....

....

Compléter une lettre

4 Léo et Clément trouvent sur la plage une lettre abîmée par l'eau de mer. Ils tentent de la lire. Complétez le texte avec les mots manquants : *travaillons beaucoup – mère – embrasse – jean – agitée – froid – mauvais – l'anniversaire de Max*.

Chère Mathilde,

Nous naviguons vers l'ouest. La mer est .... Pour un mois d'été, le temps est ....

J'espère revenir vers vous pour .... N'oubliez pas d'informer ma .... que je vais bien.

Sur le bateau, nous ....

Je vous ....

....

Achats sur Internet

Remplir un bon de commande

1 Isabelle Levasseur, professeur de français commande des livres pour ses 28 élèves sur Internet. D'abord, elle sélectionne un livre : *Le chat détective*. Elle arrive sur la page des commandes. Remplissez le bon de commande pour Isabelle. Les livres seront livrés au collège des Aubrais, 10 chemin du Château, 27000 Évreux. Imaginez les autres informations demandées.

www.publilivre.fr

ENREGISTREMENT D'UNE COMMANDE

Nom : ....

Prénom : ....

Adresse : ....

Courriel : ....@..............................

Tél. : ....

Moyen de paiement : ☐ carte bleue ☐ chèque

Adresse de livraison (si différente de la précédente) :

Titre : ....

Numéro de catalogue
(obligatoire : 5 chiffres suivi de 2 lettres) :

....

Nombre d'exemplaires : ....

LE CHAT DÉTECTIVE

Le Chat détective

96 pages

19865 BC

Faire une réclamation

2 Isabelle a reçu 25 livres. Elle doit faire une réclamation. Remplissez le formulaire de réclamation pour elle.

www.publilivre.fr

ENREGISTREMENT D'UNE RÉCLAMATION

Courriel : ....@..

Ouvrage commandé : ....

Numéro de catalogue : ....

Problème rencontré lors de la livraison (exliquer en une phrase) :

....

....

Envoyez votre déclaration en cliquant ici.

Vous recevrez un accusé de réception en retour de message.

Répondre à un sondage

3 Isabelle a résolu ses problèmes de livraison. Sur le site Internet, elle répond à un sondage sur ses lectures. Répondez aussi au sondage.

www.publilivre.fr

SONDAGE LECTURE ET LECTEURS

1. Combien avez-vous lu de livres le mois dernier ? .... livres

2. Quelles sont vos préférences (roman, poésie, théâtre, ouvrages historiques, ouvrages techniques) ? ....

....

3. Est-ce que vous écrivez ? Chaque jour ? Pour qui (pour vous-même, pour votre travail, à des amis) ? ....

....

4. Est-ce que vous voulez rencontrer des écrivains? Pourquoi ? ....

....

....

5. Où souhaitez-vous pouvoir acheter des livres en dehors des lieux habituels (librairies, magasin de journaux...) ? ....

....

6. Trouvez-vous les livres trop chers ? ....

....

Répondre à une annonce

4 À la fin du sondage se trouve l'annonce suivante : « Merci d'avoir répondu à nos questions. Vous voulez devenir un lecteur privilégié et recevoir des livres gratuitement ? Écrivez à Marie-Pierre : marie-pierre@publilivre.fr ».
Vous expliquez qui vous êtes, vous demandez à faire partie des lecteurs privilégiés et vous remerciez (5 lignes).

Envoyer maintenant | Options | Insérer | Catégories

De : ....@..........................

À : marie.pierre@publilivre.fr

Cc :

Objet :

Police | Taille | G | I | S | T

Madame,

....

....

....

....

....

DÉVELOPPEZ

Au niveau A1, on vous demande des choses simples. Parler au niveau A1, c'est :
– prendre la parole devant d'autres gens pour se présenter, pour présenter quelqu'un ou pour présenter quelque chose ;
– parler avec d'autres gens dans la rue, dans un magasin, etc.
Vous allez vous entraîner systématiquement à tous les types de situation.
Pour les activités en situation de la production orale, le corrigé est donné dans la deuxième partie de l'enregistrement. Les exercices concernés sont signalés par ⊙. Vous avez la place pour prendre des notes avant de répondre.
<u>Quelques conseils</u> :
– Demandez à votre interlocuteur de parler lentement.
– Faites répéter les phrases et les questions si nécessaire.
– Parlez lentement et articulez.
– Écoutez attentivement la question pour y répondre précisément.
– Répondez par des phrases ou par des mots appropriés.
– Faites des réponses simples et directes.
– Vous pouvez faire ces exercices avec d'autres étudiants et changer les rôles dans un second temps.
– Si vous avez le matériel nécessaire, vous pouvez aussi vous enregistrer.
– Travaillez en groupe, par deux pour les dialogues, à trois avec un autre étudiant qui observe pour les jeux de rôles.
– Travaillez si possible avec des vidéos d'apprentissage : jouez au jeu des répliques (vous regardez un court film, vous prenez le rôle d'un personnage et vous enregistrez les paroles manquantes de ce personnage).

Présentations !

Pour cette situation, vous devrez, si vous possédez le matériel, vous enregistrer pour tous les exercices. Vous allez travailler spécifiquement la compétence « parler oralement en continu ».

Se présenter

1 Axelle s'inscrit dans une école de mode. Elle téléphone au directeur, elle se présente, elle explique pourquoi elle choisit son école. Vous êtes Axelle. À partir du *curriculum vitae*, présentez-vous !

Axelle Meunier
20 ans
Célibataire
18, rue Notre-Dame des Champs
75006 Paris

FORMATION

2003 • Baccalauréat Scientifique – Mention très bien
2005 • Diplôme de styliste à l'école Siréo de Milan (1re école de stylisme en Europe)

PROJET POUR 2007

Diplôme de directrice de collection de mode à l'école Moda de Paris, 1re école commerciale autour de la mode en Europe.

VOS COMPÉTENCES

Présenter quelqu'un

2 Axelle a été acceptée à l'école *Moda* à Paris. Paola, sa meilleure amie lui écrit : elle souhaite entrer dans la même école. Axelle va voir le directeur et parle de Paola (ses goûts, ses nouveaux objectifs) au directeur. Faites la présentation de Paola à sa place. Lettre de Paola à Axelle :

> *Chère Axelle,*
> *Nous étions ensemble à Milan il y a trois ans.*
> *Maintenant, je travaille dans la mode. Ma spécialité, c'est le dessin.*
> *J'adore ça et je voyage beaucoup – jusqu'en Chine.*
> *Mais je sais que je peux faire mieux.*
> *Je veux évoluer vers la vente et l'action commerciale. Ton école est très connue.*
> *Tu crois que je pourrais essayer d'y rentrer ?*
>
> *Paola*

Prononcer un discours

3 Vous présentez le défilé de mode de fin d'année. Lisez à voix haute le discours suivant, puis écoutez-le.

> Mesdames, Mesdemoiselles, Messieurs,
> Vous allez assister ce soir à la présentation de mode de l'école Moda.
> Ce défilé est le travail de fin d'études de cent cinquante (150) étudiants de l'école.
> Les cinq (5) étudiants, directeurs de collection, vous expliqueront leur travail.
> Je vous souhaite une excellente soirée.

Laisser un message sur un répondeur

4 Vous laissez un message sur le répondeur de Paola pour lui raconter la soirée de défilé. Enregistrez votre message :
- vous saluez Paola ;
- vous demandez de ses nouvelles à Paola ;
- vous expliquez ce que vous avez fait le soir du défilé de mode à l'école ;
- vous prenez congé de Paola et vous lui demandez de rappeler.

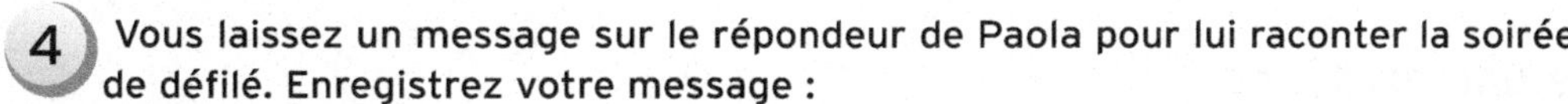

Mille et une questions...

Interroger quelqu'un

1 Martine a 40 ans, elle est célibataire. Elle vit avec son chat Casimir. Elle a un grand appartement. Elle accueille chez elle deux nouvelles étudiantes, Gisela et Anna. Vous êtes Martine et vous interrogez Gisela et Anna :
- sur leur lieu de naissance ;
- sur leur âge ;
- sur leurs études ;
- sur leurs frères, sœurs ;
- sur leurs animaux.

2 **Gisela et Anna posent des questions à leur tour. Écoutez les réponses de Martine et imaginez les questions de Anna. Puis écoutez le dialogue en entier.**

1. Anna : – ....

Martine : – Mon chat s'appelle Casimir.

2. Anna : – ....

Martine : – Je vis seule depuis 3 ans.

3. Anna : – ....

Martine : – Je n'ai pas d'enfant.

4. Anna : – ....

Martine : – Oh, l'appartement est grand ! Il fait 150 m^2. Il y a quatre chambres.

Répondre à des questions au téléphone

3 **Gisela et Anna doivent répondre au téléphone quand Martine n'est pas là. Vous êtes Gisela et vous répondez au téléphone : c'est Claude, un ami de Martine qui appelle. Écoutez les questions de Claude et imaginez les réponses de Gisela. Puis écoutez le dialogue en entier.**

1. Claude : – Allô Martine ?

Gisela : – ....

2. Claude : – Alors, vous venez de quel pays ?

Gisela : – ....

3. Claude : – Et vous étudiez quoi ?

Gisela : – ....

4. Claude : – Merci de dire à Martine que j'ai appelé.

Gisela : – ....

Décrire une personne

4 **Anna demande à Gisela de lui décrire Claude. Vous êtes Gisela et vous le décrivez avec les éléments suivants : *Claude – un homme – 40 ans environ – sympathique – a posé des questions – agréable.***

Si on vous dit..., vous répondez...

Aborder quelqu'un et faire connaissance

1 **Juliette et Stéphane ont 20 ans. Ils se rencontrent pour la première fois. Vous êtes Juliette. Écoutez et répondez à Stéphane. Puis écoutez le dialogue en entier.**

1. Stéphane : - Salut ! Moi, c'est Stéphane et toi ?

Juliette : - ....

2. Stéphane : - Tu vis à Paris ?

Juliette : - ....

3. Stéphane : - C'est la première fois que je te vois ici, pourtant, je sors souvent...

Juliette : - ....

4. Stéphane : - Et tu es étudiante ?

Juliette : - ....

5. Stéphane : - Tu es en première année ?

Juliette : - ....

6. Stéphane : - Je vais bientôt devoir partir ; je me lève tôt demain.

Juliette : - ....

7. Stéphane : - Je peux te raccompagner un peu si tu veux. Je prends le métro et toi ?

Juliette : - ....

8. Stéphane : - Si un soir tu veux boire un verre ou visiter Paris, appelle-moi ! Je vais te laisser mon numéro de téléphone, si tu es d'accord.

Juliette : - ....

9. Stéphane : - Alors, c'est le 06 12 34 24 17.

Juliette : - ....

10. Stéphane : - À bientôt, j'espère.

Juliette : - ....

Dire qui on est : parler de soi, de ses goûts...

2 **Juliette et Stéphane s'arrêtent pour boire un verre. Ils font connaissance. Juliette pose les questions. Vous êtes Stéphane. Écoutez et répondez à Juliette (vous développez si nécessaire). Puis écoutez le dialogue en entier.**

1. Juliette : - Alors cette fois, c'est moi qui pose les questions ! Parle-moi un peu de toi : tu es parisien ?

Stéphane : - ....

2. Juliette : - Et tu joues de la musique, je t'ai vu à la soirée...

Stéphane : - ....

3. Juliette - Ah, c'est bien d'avoir une passion ! Moi, j'aime plutôt cuisiner et toi ?

Stéphane : - ....

4. Juliette : - J'ai une invitation pour aller à la présentation du dernier livre de Patrick Modiano, tu veux venir avec moi ?

Stéphane : - ....

5. Juliette : - Mais au fait, tu aimes la littérature ? Qu'est-ce que tu aimes lire ?

Stéphane : - ....

6. Juliette : - Tu ne m'as pas parlé de ta famille : tu as des frères et sœurs ?

Stéphane : ....

7. Juliette : - Et tu les vois souvent ?

Stéphane : - ....

Passer une commande (au téléphone)

3 **Juliette, Stéphane et un ami de Stéphane se retrouvent pour dîner. L'ami de Stéphane téléphone chez Pizzarapido. Il commande la même pizza pour tout le monde. Écoutez et imaginez les réponses de l'ami de Stéphane. Puis écoutez le dialogue en entier.**

1. Pizzarapido : – Alors qu'est-ce qu'il vous faut ?

L'ami de Stéphane : – ....

2. Pizzarapido : – Combien de pizzas à la tomate et aux anchois ?

L'ami de Stéphane : – ....

3. Pizzarapido : – Est-ce que vous voulez une salade à la mozzarella avec ?

L'ami de Stéphane : – ....

4. Pizzarapido : – Pour combien de personnes ?

L'ami de Stéphane : – ....

5. Pizzarapido : – Quelle est votre adresse, s'il vous plaît ?

L'ami de Stéphane : – ....

6. Pizzarapido : – Vous payez par chèque ou en liquide ?

L'ami de Stéphane : – ....

7. Pizzarapido : – À quelle heure souhaitez-vous être livré ?

L'ami de Stéphane : – ....

Jouer à un jeu de questions-réponses

4 **Tout le monde regarde ensuite un jeu à la télévision : un candidat répond aux questions du présentateur. Voici les réponses du candidat. Imaginez les questions du présentateur et enregistrez-les. Puis écoutez le dialogue en entier.**

1. Le présentateur : - ....

Le candidat : - Ça va bien. Je suis content de participer à ce jeu !

2. Le présentateur : - ....

Le candidat : - Oui.

3. Le présentateur : - ....

Le candidat : - La Fête de la musique a lieu le 21 juin.

4. Le présentateur : - ....

Le candidat : - Le vrai nom de Johnny Halliday est Jean-Philippe Smet.

5. Le présentateur : - ....

Le candidat : - Le réalisateur du film *Fantômas* est Louis Feuillade.

6. Le présentateur : - ....

Le candidat : - Euh... Oui...

7. Le présentateur : - ....

Le candidat : - En France, les ours vivent dans les Pyrénées.

8. Le présentateur : - ....

Le candidat : - Le roi qui a fait construire le château de Versailles est Louis XIV.

9. Le présentateur : - ....

Le candidat : - Les quatre plus grandes villes de France sont Paris, Lyon, Marseille et Lille.

10. Le présentateur : - ....

Le candidat : - L'auteur des *Misérables* est Victor Hugo.

Voyages, voyages...

Se renseigner (par téléphone)

1 **Vous souhaitez partir en vacances en Tunisie. Vous allez vous renseigner dans une agence de voyages. La vendeuse vous pose des questions. Écoutez-les et répondez. Puis écoutez le dialogue en entier.**

1. La vendeuse : – Quelle est votre destination ?

Réponse : – ....

2. La vendeuse : – À quelle période souhaitez-vous partir ?

Réponse : – ....

3. La vendeuse : – Vous préférez un vol simple, un vol avec hôtel ou un voyage organisé ?

Réponse : – ....

4. La vendeuse : – Quelle sera la durée de votre séjour ?

Réponse : – ....

5. La vendeuse : – Quel est votre budget ?

Réponse : – ....

6. La vendeuse : – Vous voyagerez seul ou accompagné ?

Réponse : – ....

Décrire une publicité / une annonce à quelqu'un

2 **Décrivez l'offre de l'agence de voyage à un(e) ami(e).**

Proposer / choisir une formule de voyage

3 **Votre meilleur ami a regardé pour vous sur Internet pour trouver une offre plus intéressante que celle de l'agence de voyage. Il vous téléphone.**
Lisez les indications données et jouez la scène avec une autre personne.

Rôle 1 : votre ami(e)
1. Prise de contact et salutations.
2. Lecture de l'offre Internet suivante à voix haute : « *Voyageurs.net* conseille le tour de la Tunisie avec *Tunistour* : peu cher, 300 €, ce tour de la Tunisie tout confort (5 nuitées en hôtel 5 étoiles) convient aux amateurs d'espaces naturels (désert, mer). ».
3. Vous demandez ce que votre interlocuteur en pense.

Rôle 2 : vous
1. Salutations.
2. Vous comparez les prix.
3. Vous comparez les offres (hôtels, durée...).
4. Remerciements et prise de congé.

Donner des instructions orales simples

4 **Vous partez en Tunisie et vous faites votre valise. Vous êtes désordonné. Votre meilleur(e) ami(e) vous aide à penser à tout et vous rappelle ce que vous devez prendre. Jouez la scène avec une autre personne.**

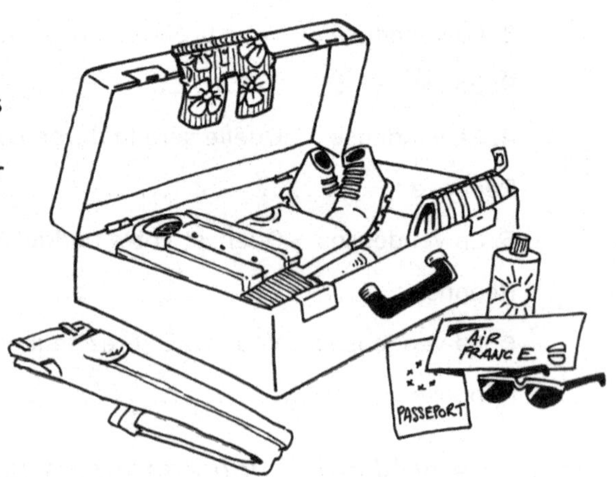

Bien faire ses achats

Identifier les objets du quotidien, les produits alimentaires

1 **À partir des cartes-images p. 103 à 120, jouez à deux : identifiez chaque image. Le premier des deux qui prononce le mot correspondant à l'image marque un point. Notez les réponses de chacun et vérifiez ensuite vos réponses dans les corrigés p. 98.**

S'informer / conseiller quelqu'un avant d'acheter

2 **Jouez la situation suivante à deux à partir des cartes-images p. 116 : vous souhaitez vous inscrire à une activité de loisirs ; vous allez à la mairie de votre ville pour demander des renseignements sur les activités proposées, les horaires, les tarifs.**

3 Jouez la situation suivante à deux à partir des cartes-images p. 114 : vous allez dans un magasin d'informatique pour faire un beau cadeau à votre fils / fille qui a obtenu son diplôme. Vous demandez des renseignements à un vendeur / une vendeuse sur les différents articles exposés.

Acheter des objets du quotidien, des produits alimentaires

4 Jouez la situation à deux à partir des cartes-images p. 110 : à la pharmacie, vous achetez trois choses différentes. Pour payer, vous disposez de pièces de monnaie et de billets fictifs p. 119-120.

5 Jouez la situation à deux à partir des cartes-images p. 103-104 : vous allez au supermarché avec un ami. Vous décidez de vous répartir les achats : vous vous occupez du pain et des pâtisseries et lui, de la viande. Pour payer, vous disposez de pièces de monnaie et de billets fictifs p. 119-120.

6 Jouez la situation à deux à partir des cartes-images p. 111 : vous allez au bureau de tabac, vous voulez acheter des timbres, une carte téléphonique et une carte postale. Pour payer, vous disposez de pièces de monnaie et de billets fictifs p. 119-120.

7 Jouez la situation à deux à partir des cartes-images p. 108 : vous allez chez le libraire-disquaire. Vous voulez acheter un cadeau pour l'anniversaire d'un(e) ami(e). Vous demandez au vendeur / à la vendeuse de vous aider. Pour payer, vous disposez de pièces de monnaie et de billets fictifs p. 119-120.

PASSEZ L'EXAMEN

Pour être parfaitement prêt à passer l'examen et ne pas être surpris par le type de questions posées, nous vous proposons deux examens d'entraînement sur le modèle des épreuves du DELF A1.

Quelques conseils spécifiques

ÉPREUVE DE COMPRÉHENSION DE L'ORAL

Quatre exercices vous sont proposés. Chaque exercice se déroule en trois phases :
- une phase de prise de connaissance des questions ;
- une phase d'écoute (vous entendrez les enregistrements deux fois) ;
- une phase de réponses aux questions.

ÉPREUVE DE COMPRÉHENSION DES ÉCRITS

Quatre exercices vous sont proposés. Chaque exercice se déroule en trois phases :
- une phase de lecture des questions avant de lire les documents écrits, ainsi vous saurez si on vous demande de rechercher des informations globales ou plus précises ;
- une phase de lecture des documents proposés ;
- une phase de réponses aux questions.

ÉPREUVE DE PRODUCTION ÉCRITE

Deux exercices vous sont proposés. Pour chacun, lisez attentivement les consignes (prenez du temps), puis rédigez.

ÉPREUVE DE PRODUCTION ORALE

Trois exercices vous sont proposés. Prenez bien en compte les consignes avant de passer l'oral. Pour cette compétence, nous vous proposons une démarche pas à pas et des corrigés enregistrés.

Quelques conseils pour vous aider

- Ne perdez pas de temps quand vous ne comprenez pas une consigne ou un exercice, passez à la question suivante.
- Ayez bien en tête la succession des différentes épreuves et le type de questions posées.

ÉPREUVE DE COMPRÉHENSION DE L'ORAL *25 points*

Comprendre des annonces et des indications

Exercice 1 **Vous allez entendre deux fois un document. Vous aurez 30 secondes de pause entre les deux écoutes, puis 30 secondes pour vérifier vos réponses. Lisez d'abord les questions.** *6 points*

Vous prenez le métro express (RER) pour aller à Paris. Écoutez l'annonce et complétez (3 points par réponse).

1. À quelle heure est le RER pour Paris ?
- ❑ 11 h 00
- ❑ 16 h 00
- ❑ 12 h 00
- ❑ 13 h 00

2. De quelle voie part-il ?
- ❑ voie S
- ❑ voie 7
- ❑ voie F
- ❑ voie Est

Comprendre des instructions orales

Exercice 2 **Vous allez entendre deux fois un document. Vous aurez 30 secondes de pause entre les deux écoutes, puis 30 secondes pour vérifier vos réponses. Lisez d'abord les questions.** *7 points*

Écoutez et répondez aux questions en cochant la bonne réponse.

1. À qui s'adresse l'animateur de l'émission télévisée ? *2 points*
- ❑ à une animatrice
- ❑ à une téléspectatrice
- ❑ à une candidate

2. L'animateur rappelle : *2 points*
- ❑ le voyage à gagner.
- ❑ le nom du gagnant de la semaine dernière.
- ❑ la règle du jeu.

3. Jusqu'à quelle heure les spectateurs peuvent-ils répondre ? *2 points*

❑ ❑ ❑ ❑

4. Les téléspectateurs peuvent participer et téléphoner au numéro suivant. Complétez.

08 .... 18 28 38. *1 point*

Comprendre une conversation et des expressions de la vie quotidienne

Exercice 3 Vous allez entendre plusieurs conversations correspondant à des situations différentes. Vous aurez 15 secondes de pause après chaque dialogue. Puis vous entendrez à nouveau les dialogues et vous pourrez compléter vos réponses. Regardez d'abord les images. *6 points*

▶ Associez chaque situation à la bonne image (1,5 point par réponse). Attention : il y a cinq images, mais seulement quatre situations.

a — situation n° ....

b — situation n° ....

c — situation n° ....

d — situation n° ....

e — situation n° ....

Obtenir des biens et des services

Exercice 4 Vous allez entendre plusieurs conversations correspondant à des situations différentes. Vous aurez 15 secondes de pause après chaque dialogue. Puis vous entendrez à nouveau les dialogues et vous pourrez compléter vos réponses. *6 points*

▶ Pour chaque situation, répondez à la question en mettant une croix dans la case correspondante (2 points par situation).

Situation n° 1 : Où est-ce ?	
dans une voiture	
dans le bus	
dans le train	
dans un taxi	

Situation n° 2 : Qu'est-ce qu'on demande ?	
un vêtement	
un prix	
une carte de fidélité	
une réduction	

Situation n° 3 : Quand est-ce ?	
en été	
en hiver	
au printemps	
en automne	

ÉPREUVE DE COMPRÉHENSION DES ÉCRITS *25 points*

Comprendre la correspondance

Exercice 1 Julie vient de recevoir ce message. Lisez le document suivant et répondez aux questions. *10 points*

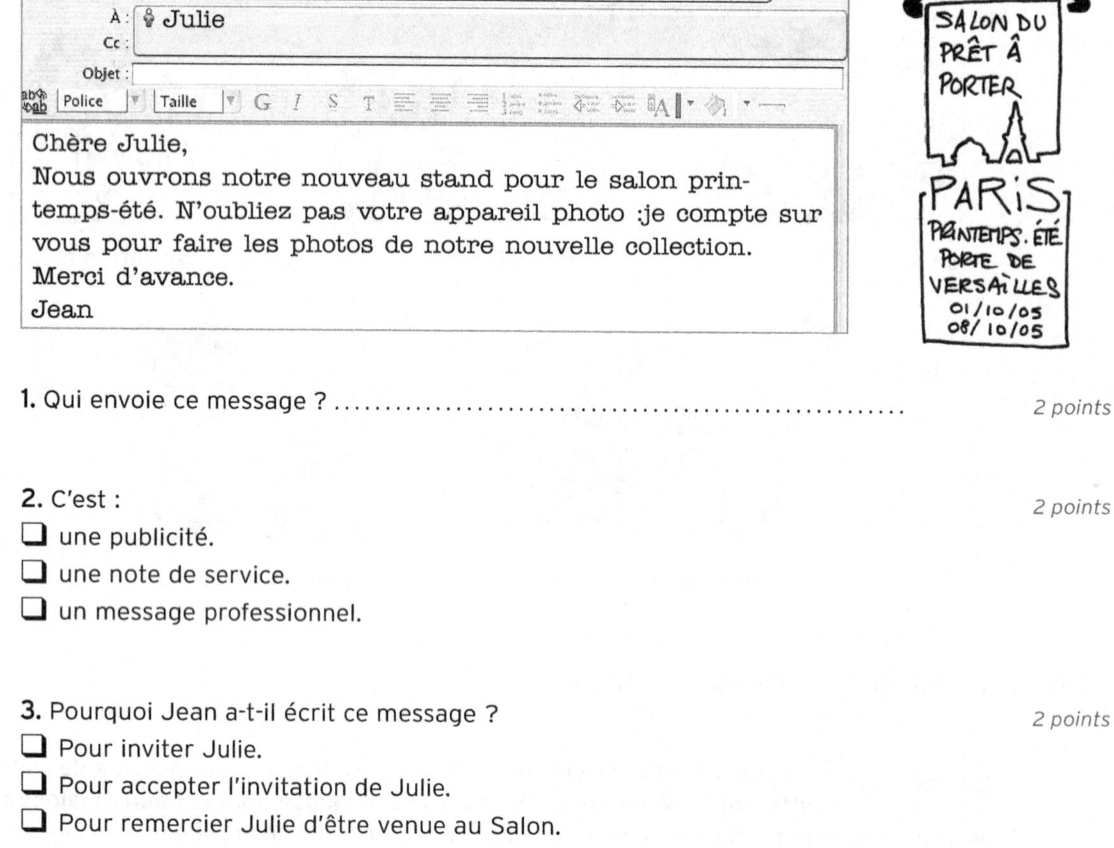

Chère Julie,
Nous ouvrons notre nouveau stand pour le salon printemps-été. N'oubliez pas votre appareil photo :je compte sur vous pour faire les photos de notre nouvelle collection.
Merci d'avance.
Jean

1. Qui envoie ce message ? .... *2 points*

2. C'est : *2 points*
- ❑ une publicité.
- ❑ une note de service.
- ❑ un message professionnel.

3. Pourquoi Jean a-t-il écrit ce message ? *2 points*
- ❑ Pour inviter Julie.
- ❑ Pour accepter l'invitation de Julie.
- ❑ Pour remercier Julie d'être venue au Salon.

4. Julie doit apporter : *2 points*

❑ 

❑ 

5. À quelle période de l'année se tient le salon du prêt-à-porter printemps-été ? *2 points*
- ❑ en été
- ❑ en automne
- ❑ au printemps

Lire pour s'informer et discuter

Exercice 2 **Vous voulez acheter, dès juillet, un appartement de deux pièces à Paris, clair et très calme. Lisez ces annonces et répondez aux questions.** *5 points*

1

Agence *Patrimoine Conseil*
Dans un bel immeuble, appartement 2 pièces au rez-de-chaussée.
Conviendrait pour activité commerciale.
Libre au 01 / 09.

2

Agence *Zen*
Au dernier étage, 2 pièces ensoleillées donnant directement sur le Parc des Buttes Chaumont. Libre de suite.

3

Agence *Zen*
Au deuxième étage, en plein centre de Paris, beau studio sur rue avec balcon.
Aucun vis-à-vis. Libre au 01 / 09.

4

Agence *Consultants immobilier*
Duplex, salle à manger, 1 chambre, charme, 2e étage sur petite cour. Idéal pied à terre.
Libre au 01 / 10.

1. Mettez une croix dans les cases qui correspondent aux informations des annonces. *3 points*

Annonce n°	1	2	3	4
2 pièces				
clair				
au calme				

2. Quelle annonce retenez-vous ? *1 point*

❑ annonce n° 1
❑ annonce n° 2
❑ annonce n° 3
❑ annonce n° 4

3. Quand pouvez-vous emménager ? .... *1 point*

Lire pour s'orienter

Exercice 3 **Vous recevez votre réservation de camping avec le plan suivant. Répondez aux questions.** *5 points*

Bienvenue au Camping de Ballan Miré !

Voici votre itinéraire avec une vitesse moyenne de 100 km / heure.

Temps de trajet	Position	Direction à prendre
	départ de Paris	– direction Porte d'Orléans
+ 0 h 30	Porte d'Orléans	– direction Orléans, autoroute A6a
+ 2 h 00	Orléans	– direction Tours, autoroute A106
+ 2 h 00	Tours	– direction Saumur, nationale 67, sortie n° 8 Ballan Miré.

À Ballan-Miré, prendre la direction centre-ville, après l'église à 500 mètres à gauche, vous trouverez notre camping. Attention nos grilles ferment à 22 heures.

Bonne route !

1. Si vous partez à 10 heures de chez vous, à quelle heure passez-vous : *3 points*

– Porte d'Orléans ? ....

– à Orléans ? ....

– à Tours ? ....

2. Le camping est à .... mètres de l'église. *1 point*

3. Vous devez arriver au camping avant : .... heures. *1 point*

Lire pour s'informer et discuter

Exercice 4 **Vous lisez cette affiche de la Mairie de Paris. Répondez aux questions.** *5 points*

Mairie de Paris

Toute l'info sur la ville !

Deux moyens simples et directs pour vous informer :

⇨ un seul site Internet : www.Paris. fr 24 h / 24 – 7 j / 7

*⇨ un seul numéro de téléphone : le 3975 * 8 h 00 – 19 h 00 en semaine et 8 h 30 – 13 h 00 le samedi*

Et dans les points informations de la ville (liste disponible à la mairie de votre quartier), tous les jours, 7 j / 7, des hôtesses d'accueil vous reçoivent de 9 h 00 à 19 h 00.

**Prix d'un appel local à partir d'un poste fixe.*

1. Complétez le tableau en cochant les informations qui correspondent : *4 points*

	24 h / 24	7 j / 7	De 8 h 00 à 19 h 00 du lundi au vendredi	Internet	Téléphone	Hôtesse
www.paris.fr						
3975						
Points informations						

2. Vous pouvez vous rendre dans les points informations.

❑ vrai ❑ faux *1 point*

ÉPREUVE DE PRODUCTION ÉCRITE **25 points**

Compléter un formulaire

Exercice 1 **Complétez votre fiche pour la bibliothèque (1 point par réponse).** *10 points*

Nom : ....

BIBLIOTHÈQUE

Prénom : ....

Adresse : ....

Nationalité : ....

Âge : ....

Profession : ....

Date d'inscription à la bibliothèque : ....

Combien lisez-vous de livres par an ? ....

Souhaitez-vous recevoir l'actualité de la bibliothèque à votre domicile ? ....

Souhaitez-vous nous aider à organiser des fêtes de la lecture ? Indiquez le jour de la semaine et l'heure où vous pouvez participer. ....

Je m'engage à rendre les livres empruntés avant deux semaines. Tout retard entraînera une interruption de l'abonnement.

(signature) :

Écrire une carte postale

Exercice 2 **Vous êtes en voyage à Paris pour votre travail. Vous écrivez une carte postale à des amis. Vous leur parlez de l'endroit où vous vous trouvez et vous demandez à les voir (40 à 50 mots).** *15 points*

....

....

....

....

....

....

....

....

RF €

Jean et Marion Guilleux

10, promenade du Fort

14000 Caen

ÉPREUVE DE PRODUCTION ORALE

25 points

L'épreuve se déroule en trois parties :
– entretien dirigé ;
– échange d'informations ;
– dialogue simulé ou jeu de rôle.
Vous avez 10 minutes de préparation pour les parties 2 et 3. L'épreuve dure 5 à 7 minutes.

Entretien dirigé (1 minute)

Vous répondez aux questions de l'examinateur sur vous-même, votre famille, vos goûts, vos activités.

CONSEILS

- Vous pouvez préparer cet entretien dirigé en travaillant avec d'autres apprenants de français. Les questions sont toujours à peu près les mêmes. Entraînez-vous quatre ou cinq fois avant l'examen.
- Pendant les 10 minutes de préparation, ne perdez pas de temps à préparer cette partie de l'entretien, vous devez vous être entraîné avant.
- Présentez-vous poliment à votre arrivée *(Bonjour monsieur, Bonjour madame).*
- Si vous ne comprenez pas les questions de l'examinateur, demandez-lui de répéter *(Pardonnez-moi, je ne comprends pas, vous pouvez répéter ? / Vous pouvez répéter, s'il vous plaît ? Je ne comprends pas...).*

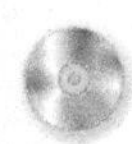

Pour vous habituer à entendre les questions posées à l'examen, ce livre vous propose tout d'abord des exemples de questions enregistrées suivies d'une pause pour vous entraîner à répondre.

Sur vous :

1. Vous vous appelez comment ? / Comment vous appelez-vous ?
2. Présentez-vous, s'il vous plaît. / Parlez-moi de vous.
3. Quelle est votre nationalité ? / Vous êtes de quelle nationalité ?
4. Quelle est votre ville d'origine ? / D'où venez-vous ? / Vous venez de quel pays ?
5. Où êtes-vous né ?
6. Quel âge avez-vous ?
7. Où habitez-vous ?
8. Est-ce que vous vivez dans une grande ville ? / À la campagne ?

Sur votre famille :

1. Vous êtes marié ? / Vous êtes célibataire ? / Quelle est votre situation de famille ?
2. Avez-vous des enfants ? Combien ? Ils ont quel âge ?
3. Vos parents / vos enfants vivent loin de vous ? Près de vous ?

Sur vos goûts et vos activités :

1. Vous aimez le sport ? / Vous faites du sport ? / Quel sport pratiquez-vous ? / Quel sport aimez-vous ?
2. Quels sont vos loisirs ? / Que faites-vous pendant vos loisirs ?
3. Que faites-vous pendant les vacances / en vacances ? / le week-end ? / Où partez-vous en vacances ?
4. Quel(le) est votre couleur / saison / animal / livre / film... préféré(e) ?

Sur votre profession :

1. Quelle est votre profession ?/ Quel métier exercez-vous ? / Quel est votre métier ? / Vous faites quoi ? / Qu'est-ce que vous faites ? / Quel est votre travail ?
2. Est-ce que vous aimez votre travail ? / Votre travail vous plaît ?

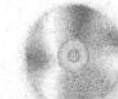

À titre d'exemple, vous allez maintenant entendre un entretien dirigé d'environ une minute.

Échange d'informations (2 minutes environ)

Vous posez des questions à l'examinateur à partir des mots qui sont sur les cartes.

CONSEILS

- Vous avez 10 minutes de préparation : prenez-en 3 ou 4 pour imaginer des questions en fonction des cartes. Pour vous rassurer, notez les 3 premières questions que vous poserez à l'examinateur.
- Pour faciliter votre dialogue, indiquez quel type de mot ou expression interrogative vous allez choisir en fonction du mot sur la carte : *âge → quel ; vacances → où ; livres → combien ou quels... ?*
- Pendant l'échange : attendez que l'examinateur réponde avant de poser la question suivante.

À titre d'exemple, vous allez entendre des questions qui correspondent aux cartes (p. 101-102) et que vous pourriez poser à l'examinateur, ainsi que les réponses de l'examinateur.

Dialogue simulé (2 minutes environ)

Vous voulez obtenir un bien ou un service (acheter un objet, passer une commande...). À partir des cartes-images (p. 108), vous vous informez sur le(s) produit(s), le prix avant d'acheter. Pour payer, vous disposez de pièces de monnaie et de billets fictifs p. 119-120.

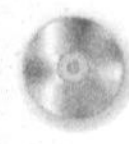

À titre d'exemple, vous allez entendre un dialogue simulé. La situation est la suivante : vous êtes dans une librairie. Vous achetez deux livres et un CD de musique pour l'anniversaire de votre sœur. Vous êtes le client, l'examinateur est le vendeur ; vous devez demander deux livres et un CD parmi ceux présentés sous forme d'image, vous demandez le prix et vous payez avec les pièces de monnaie et les billets fictifs. Vous utilisez toutes les formules de politesse utiles.

CONSEILS

- Vous avez 10 minutes de préparation : prenez 5 ou 6 minutes pour préparer votre rôle.
- Pour vous sentir à l'aise au début, notez en français (dans votre langue, vous perdrez du temps à traduire, vous ne communiquerez pas vraiment avec l'examinateur) les trois ou quatre premières phrases que vous prononcerez : *Bonjour monsieur / madame, c'est l'anniversaire de ma (grande / petite) sœur, je veux lui offrir deux livres... Elle aime les romans...*
- Imaginez les moments du dialogue : prise de contact / demande / choix des livres/ nouvelle demande / choix d'un CD / paiement / prise de congé et salutations.
- Pour chaque étape du dialogue, essayez de vous constituer une liste du vocabulaire utile, notez éventuellement quelques expressions utiles (salutations / prise de congé).
- Le dialogue pour la situation proposée pourrait être le suivant, mais vous pouvez en imaginer beaucoup d'autres.

ÉPREUVE DE COMPRÉHENSION DE L'ORAL *25 points*

Comprendre des annonces et des indications

Exercice 1 **Vous allez entendre deux fois un document. Vous aurez 30 secondes de pause entre les deux écoutes, puis 30 secondes pour vérifier vos réponses. Lisez d'abord les questions.** *4 points*

Vous souhaitez prendre le bus pour vous rendre au musée du Louvre. Un passant vous indique le chemin. Répondez aux questions.

1. Quel est le numéro du bus ? *2 points*

❑ 9
❑ 19
❑ 29

2. À quelle heure passe le bus ? *2 points*

❑ à 6 h 00
❑ à 10 h 00
❑ à 8 h 00

Comprendre des instructions orales

Exercice 2 **Vous allez entendre deux fois un document. Vous aurez 30 secondes de pause entre les deux écoutes, puis 30 secondes pour vérifier vos réponses. Lisez d'abord les questions.** *7 points*

Répondez aux questions en cochant la bonne réponse.

1. Qui parle au téléphone ? *2 points*

❑ La secrétaire de M. Dubois
❑ La femme de M. Dubois
❑ On ne sait pas

2. M. Dubois est informé : *2 points*

❑ d'une sortie au restaurant.
❑ d'une sortie au cinéma.
❑ d'une sortie au théâtre.

3. Le rendez-vous est à : *2 points*

❑ 7 h 30 ❑ 13 h 40 ❑ 18 h 40

4. M. Dubois doit noter l'adresse du rendez-vous. Complétez. *1 point*

.... rue Hautefeuille.

Comprendre une conversation et des expressions de la vie quotidienne

Exercice 3 Vous allez entendre plusieurs conversations correspondant à des situations différentes. Vous aurez 15 secondes de pause après chaque dialogue. Puis vous entendrez à nouveau les dialogues et vous pourrez compléter vos réponses. Regardez d'abord les images. *8 points*

Associez chaque situation à la bonne image. Attention : il y a cinq images, mais seulement quatre situations.

a 

b 

c 

d 

e

Situation n° 1 : .... *2 points*

Situation n° 2 : .... *2 points*

Situation n° 3 : .... *2 points*

Situation n° 4 : .... *2 points*

Obtenir des biens et des services

Exercice 4 Vous allez entendre plusieurs conversations correspondant à des situations différentes. Vous aurez 15 secondes de pause après chaque dialogue. Puis vous entendrez à nouveau les dialogues et vous pourrez compléter vos réponses. *6 points*

Pour chaque situation, répondez à la question en mettant une croix dans la case correspondante (2 points par situation).

Situation n° 1 : Où est-ce ?	
dans une cantine	
à l'hôtel	
dans un restaurant	
à la maison	

Situation n° 2 : Qu'est-ce qu'on demande ?	
un appareil	
une marque	
un prix	
une carte	

Situation n° 3 : Où est-ce ?	
à la campagne	
en ville	
dans un village	
dans le désert	

ÉPREUVE DE COMPRÉHENSION DES ÉCRITS *25 points*

Comprendre la correspondance

Exercice 1 Vous venez de recevoir cette lettre. Répondez aux questions. *10 points*

Théâtre de la Cité Internationale
21, bd Jourdan
75014 Paris
Paris, le 10 septembre 2006

Chère spectatrice, cher spectateur,

Pour nos abonnés, nous organisons au théâtre une soirée de présentation de notre programme pour la saison 2006, le samedi 27 septembre à 19 heures, vous êtes le (la) bienvenu(e). Un cocktail suivra.

Si vous voulez bénéficier d'un nouvel abonnement ou d'offres exceptionnelles, appelez dès maintenant Catherine, responsable des relations avec le public au 01 43 13 50 50.

Nous comptons sur votre présence parmi nous le 27 septembre.

Cordialement,

Patrick Chéral
Directeur du Théâtre

1. Qui écrit cette lettre ? .... *2 points*

2. Cette lettre est : *2 points*
- ❑ une lettre amicale.
- ❑ une lettre de rappel.
- ❑ une lettre d'information.

3. Pourquoi cette lettre est-elle écrite ? *2 points*
- ❑ Pour inviter le spectateur.
- ❑ Pour rappeler au spectateur de payer.
- ❑ Pour s'excuser auprès des spectateurs.

4. Que se passe-t-il le 27 septembre ? *2 points*
- ❑ une pièce de théâtre
- ❑ un cocktail
- ❑ on ne sait pas

5. Qui est Catherine ? *2 points*
- ❑ une actrice
- ❑ une spectatrice
- ❑ une employée du théâtre

Lire pour s'informer et discuter

Exercice 2 Vous cherchez sur Internet un stage de ski pour cinq jours. Vous êtes débutant(e) et vous adorez la nature. Lisez les offres. Répondez aux questions. *5 points*

www.stagedeski.com

Alpeski : *dans une station de sports d'hiver familiale ; stage de 4 jours tous niveaux ; possibilité de randonnées ; 900 € tout compris.*

Skivit : *réservé aux skieurs confirmés, ce stage se déroulera à 2 800 mètres d'altitude ; pendant 5 jours ; 1 200 € tout compris.*

FUNSKI : stage de 5 jours tous niveaux ; animateurs diplômés ; grande station au pied du Mont Blanc ; discothèques ; clubs ; 1 000 € hébergement et repas compris.

Natureski : spécialisés dans le ski de randonnée, nos animateurs vous font découvrir la nature en hiver ; loin du bruit et de l'agitation ; tous niveaux ; 5 jours, 900 € tout compris.

1. Quels stages correspondent au nombre de jours que vous souhaitez ? *1 point*

....

2. Quels stages correspondent à votre niveau ? *1 point*

....

3. Quels stages privilégient la nature sauvage ? *1 point*

....

4. Quel organisme choisissez-vous ? *2 points*

....

Lire pour s'orienter

Exercice 3 Vous lisez les indications suivantes dans votre guide de voyage sur Caen. Répondez aux questions. *6 points*

Pour visiter l'église Saint-Nicolas, partez du centre ville près de la mairie. Traversez la place du palais de Justice et prenez la rue Guillaume Le Conquérant sur votre gauche. Prenez la deuxième rue à droite, rue Saint-Nicolas. Pour bien voir la pierre rose de cette église, allez-y vers midi. Des visites avec guide sont organisées tous les jours à partir de 11 h 30 en été.

1. Dessinez sur le plan le chemin pour aller voir l'église Saint-Nicolas. *2 points*

2. Quel est le meilleur moment pour voir l'église ? *2 points*

❑ le matin
❑ en milieu de journée
❑ l'après-midi
❑ le soir

3. Les visites guidées ont lieu : *2 points*

❑ le dimanche.
❑ 7 j / 7.
❑ en hiver.
❑ en été

Lire pour s'informer et discuter

Exercice 4 Vous lisez le programme des activités d'un club de sports pour adultes. Répondez aux questions. *4 points*

PROGRAMME DES ACTIVITÉS SPORTIVES POUR LES ADULTES

GYM
lundi, mardi, vendredi :
16 h 00 – 17 h 00,
17 h 00 – 18 h 00
salle Coubertin

YOGA
tous les jours :
de 16 h 00 à 22 h 00,
séance de 55 minutes,
salle Quignard

DANSE AFRICAINE
vendredi et samedi après-midi :
de 14 h 00 à 19 h 00,
séances de 55 minutes
salle : à déterminer

DANSE : MODERN JAZZ
lundi, mardi, mercredi :
de 17 h 00 à 22 h 00,
séances de 1 h 30
salle Senghor

STRETCHING
tous les jours :
de 18 h 00 à 20 h 00
salle Georges Brassens

SAUNA
tous les jours :
de 16 h 00 à 22 h 00
les serviettes ne sont pas fournies, l'inscription 24 heures à l'avance est obligatoire

GYM RYTHMIQUE
jeudi, vendredi, samedi :
de 17 h 00 à 21 h 00,
séances de 55 minutes

Chaque animateur précisera lors du premier cours le matériel nécessaire à l'activité.
Chaque semestre d'activité est payable d'avance par chèque : 100 € par semestre, par activité.

1. Complétez le tableau. Si vous n'avez pas l'information dans le document, inscrivez « on ne sait pas » dans la case. *2 points*

	Jours L M M J V S D	Horaires	Salles
Yoga	❒ ❒ ❒ ❒ ❒ ❒ ❒		
Gym rythmique	❒ ❒ ❒ ❒ ❒ ❒ ❒		

2. À partir de quelle heure pouvez-vous aller au sauna ? .... *2 points*

ÉPREUVE DE PRODUCTION ÉCRITE **25 points**

Compléter un formulaire

Exercice 1 Vous achetez des DVD sur Internet. Avant de payer, vous complétez le formulaire d'achat pour recevoir les DVD chez vous. *10 points*

www.disco.net

Nom : ....

Prénom : ....

Âge : ....

Profession : ....

Adresse électronique : ....

Adresse personnelle : ....

....

Tél. : ....

Livraison à domicile : ....

Date souhaitée pour la livraison : ....

Je m'engage à respecter les conditions de ventes de Disques et Compagnie.

(signature) :

Écrire un message

Exercice 2 **Vous êtes pilote d'avion, vous faites escale à Helsinki (Finlande) en hiver. Vous envoyez un courriel à un(e) ami(e) en France. Vous lui parlez du temps, de vos activités et vous lui proposez de vous rejoindre pour quelques jours de vacances (40 à 50 mots).** *15 points*

Envoyer maintenant | Options | Insérer | Catégories

De : jacques.denis@franceair.fr

À : nathalie.perrin@yahoo.fr

Cc :

Objet : Helsinki en hiver

Police | Taille

....

....

....

....

....

....

....

ÉPREUVE DE PRODUCTION ORALE

25 points

L'épreuve se déroule en trois parties :
– entretien dirigé ;
– échange d'informations ;
– dialogue simulé ou jeu de rôle.
Vous avez 10 minutes de préparation pour les parties 2 et 3. L'épreuve dure 5 à 7 minutes.

Entretien dirigé (1 minute environ)

Vous répondez aux questions de l'examinateur sur vous-même, votre famille, vos goûts, vos activités.

CONSEILS

• Vous pouvez préparer cet entretien dirigé en travaillant avec d'autres apprenants de français. Les questions sont toujours à peu près les mêmes. Entraînez-vous quatre ou cinq fois avant l'examen.
• Pendant les 10 minutes de préparation, ne perdez pas de temps à préparer cette partie de l'entretien, vous devez vous être entraîné avant.
• Présentez-vous poliment à votre arrivée (*Bonjour monsieur / Bonjour madame*).
• Si vous ne comprenez pas les questions de l'examinateur, demandez-lui de répéter (*Pardonnez-moi, je ne comprends pas, vous pouvez répéter ? / Vous pouvez répéter, s'il vous plaît ? Je ne comprends pas...*).

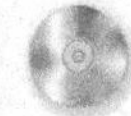

Pour vous habituer à entendre les questions posées à l'examen, ce livre vous propose tout d'abord des exemples de questions enregistrées suivies d'une pause pour vous entraîner à répondre.

Sur vous :

1. Vous vous appelez comment ? / Comment vous appelez-vous ?
2. Présentez-vous, s'il vous plaît. / Parlez-moi de vous.
3. Quelle est votre nationalité ? / Vous êtes de quelle nationalité ?
4. Quelle est votre ville d'origine ? / D'où venez-vous ? / Vous venez de quel pays ?
5. Où êtes-vous né ?
6. Quel âge avez-vous ?
7. Où habitez-vous ?
8. Est-ce que vous vivez dans une grande ville ? / À la campagne ?

Sur votre famille :

1. Vous êtes marié ? / Vous êtes célibataire ? / Quelle est votre situation de famille ?
2. Avez-vous des enfants ? Combien ? Ils ont quel âge ?
3. Vos parents / vos enfants vivent loin de vous ? Près de vous ?

Sur vos goûts et vos activités :

1. Vous aimez le sport ? / Vous faites du sport ? / Quel sport pratiquez-vous ? / Quel sport aimez-vous ?
2. Quels sont vos loisirs ? / Que faites-vous pendant vos loisirs ?
3. Que faites-vous pendant les vacances / en vacances ? / le week-end ? / Où partez-vous en vacances ?
4. Quel(le) est votre couleur / saison / animal / livre / film... préféré(e) ?

Sur votre profession :

1. Quelle est votre profession ?/ Quel métier exercez-vous ? / Quel est votre métier ? / Vous faites quoi ? / Qu'est-ce que vous faites ? / Quel est votre travail ?
2. Est-ce que vous aimez votre travail ? / Votre travail vous plaît ?

À titre d'exemple, vous allez maintenant entendre un entretien dirigé d'environ une minute.

Échange d'informations (2 minutes environ)

Vous posez des questions à l'examinateur à partir des mots qui sont sur les cartes.

CONSEILS

• Vous avez 10 minutes de préparation : prenez-en 3 ou 4 pour imaginer des questions en fonction des cartes. Pour vous rassurer, notez les 3 premières que vous poserez à l'examinateur.

• Pour faciliter votre dialogue, indiquez quel type de mot ou expression interrogative vous allez choisir en fonction du mot sur la carte : *âge → quel* ; *vacances → où* ; *livres → combien ou quels... ?*

• Pendant l'échange : attendez que l'examinateur réponde avant de poser la question suivante.

À titre d'exemple, vous allez entendre les questions qui correspondent aux cartes (p. 101-102) et que vous pourriez poser à l'examinateur, ainsi que les réponses de l'examinateur.

Dialogue simulé (2 minutes environ)

Vous voulez obtenir un bien ou un service (acheter un objet, passer une commande...). À partir des cartes-images (p. 106-107), vous vous informez sur le(s) produit(s), le prix avant d'acheter. Pour payer, vous disposez de pièces de monnaie et de billets fictifs p. 119-120.

À titre d'exemple, vous allez entendre un dialogue simulé. La situation est la suivante : vous achetez ce qu'il faut à l'épicerie pour faire un gâteau au chocolat. Vous êtes le client, l'examinateur est le vendeur. Vous demandez au vendeur la liste des ingrédients. Vous demandez le prix et vous payez avec les pièces de monnaie et les billets fictifs. Vous utilisez toutes les formules de politesse utiles.

CONSEILS

- Pendant les 10 minutes de préparation : prenez 5 ou 6 minutes pour préparer votre rôle.
- Pour vous sentir à l'aise au début, notez en français (dans votre langue, vous perdrez du temps à traduire, vous ne communiquerez pas vraiment avec l'examinateur) les trois ou quatre premières phrases que vous prononcerez : *Bonjour monsieur / madame ; je veux faire un gâteau au chocolat, j'ai besoin de farine / sucre...*
- Imaginez les moments du dialogue : prise de contact / demande / choix des ingrédients / paiement / prise de congé et salutation.
- Pour chaque moment du dialogue : rassemblez le vocabulaire utile, notez-le éventuellement, quelques expressions utiles (salutation / congé).
- Le dialogue pour la situation proposée pourrait être le suivant. Vous pouvez en imaginer beaucoup d'autres.

REPÉREZ vos points forts et vos points faibles

COMPRÉHENSION DE L'ORAL

Comprendre des annonces publiques

1 **1.** Nous vous invitons à participer à notre grand jeu-concours. **2.** Votre attention, s'il vous plaît, le train de 18 heures arrivera voie 15. **3.** Le petit Marcel attend sa maman à la caisse n° 1. **4.** Les passagers du vol Air France 2580 sont priés de se rendre à l'aérogare B. **5.** Premier étage ! **6.** Veuillez attacher votre ceinture de sécurité.

Comprendre des mots ou des expressions isolés

2 **1.** le ballon **2.** le pompon **3.** les cheveux **4.** la date **5.** elles ouvrent **6.** voir **7.** joue **8.** taper

Comprendre des indications brèves et simples

3 **1.** Pour aller à la pharmacie, vous tournez à droite deux fois. **2.** Pour téléphoner à Paris, il faut composer le 01 puis les huit chiffres de votre correspondant. **3.** Son anniversaire est le 18 décembre. **4.** Cette place de théâtre coûte 15 €. **5.** Rendez-vous à deux heures et quart. **6.** Pour arriver chez moi, tu montes au cinquième étage, c'est la deuxième porte à droite.

Comprendre des interventions isolées

4 **1.** À table ! Le dîner est servi ! **2.** Est-ce que tu peux laisser la voiture chez le garagiste ? **3.** Je vous rappelle dans cinq minutes. Je suis déjà en ligne. **4.** Quelle veste avez-vous choisie ? La bleue vous va très bien et elle n'est pas chère. **5.** Tu m'accompagnes au travail, s'il te plaît ? Je suis en retard. **6.** Mon numéro de téléphone portable ? C'est le 06 07 83 42 45. **7.** N'oublie pas mon livre d'économie ! **8.** Est-ce que tu aimes le vin et le fromage ?

Comprendre des questions sur la vie quotidienne

5 **1.** – Comment vous appelez-vous ? **2.** – Quel âge avez-vous ? **3.** – Avez-vous des enfants ? **4.** – Vous vivez dans un appartement ? **5.** – Vous travaillez depuis longtemps ?
– J'ai 28 ans. – J'ai trois enfants. – Je travaille depuis dix ans. – Je m'appelle Jean. – Je vis effectivement dans un appartement.

Comprendre les formules de politesse et de salutation

6 **a.** Merci **b.** S'il vous plaît **c.** Excusez-moi **d.** Bonjour **e.** Salut **f.** Mes salutations **g.** Très heureuse de faire votre connaissance **h.** Tous mes compliments

Situation 1 :
Personnage 1 : – Je t'ai préparé tous les documents.
Personnage 2 : – C'est très gentil, merci.
Situation 2 :
Personnage 1 : – Nous allons continuer la visite par ici.
Personnage 2 : – Excusez-moi, mais nous sommes déjà passés par là ?
Situation 3 :
Personnage 1 : – Bonjour Claudine, comment vas-tu ?
Personnage 2 : – Très bien, et toi ?
Situation 4 :
Personnage 1 : – J'ai réussi mon examen.
Personnage 2 : – Je vous félicite, tous mes compliments.
Situation 5 :
Personnage 1 : – Je vous présente Madame Benoît, responsable du magasin.
Personnage 2 : – Je suis très heureuse de faire votre connaissance.
Situation 6 :
Personnage 1 : – Monsieur Lenoir est absent aujourd'hui.
Personnage 2 : – Dans ce cas, transmettez-lui mes salutations.
Situation 7 :
Personnage 1 : – Salut Paul ! Tu passes chez moi ce soir ?
Personnage 2 : – Salut Pascal ! Non, ce soir c'est impossible.
Situation 8 :
Personnage 1 : – Asseyez-vous, s'il vous plaît.
Personnage 2 : – Mais cette chaise est cassée.

PRODUCTION ÉCRITE

Noter des informations

5 Bonjour, c'est Paul. Je t'invite ce soir à dîner au restaurant japonais *Benkay*. Rendez-vous à 21 h 00 au métro Javel (ça s'écrit : J-A-V-E-L). On parlera de nos projets de vacances. Pense à me rendre mon livre sur la Grèce. Tu peux me joindre au 06.33.12.21.30 (je répète : 0-6-3-3-1-2-2-1-3-0). À ce soir !

PRODUCTION ORALE

Se présenter

1 **1.** Claude : – Bonjour, je suis Claude Martin, j'habite à côté. Comment vous appelez-vous ?
2. Claude : – Quand êtes vous arrivé(e) ?
3. Claude : – Bienvenue ! Et d'où venez-vous ?
4. Claude : – Je n'y suis jamais allé. Vous aimez les voyages ?
5. Claude : – Et quelle est votre profession ?
6. Claude : – Et que faites-vous pendant vos loisirs ?
7. Claude : – Je suis heureux d'avoir fait votre connaissance. Au revoir. À bientôt, j'espère.

Claude : – Bonjour, je suis Claude Martin, j'habite à côté. Comment vous appelez-vous ?
Yin : – Je m'appelle Yin.

Claude : – Quand êtes vous arrivée ?
Yin : – Je suis arrivée hier soir.
Claude : – Bienvenue ! Et d'où venez-vous ?
Yin : – Je suis Chinoise, de Beijing.
Claude : – Je n'y suis jamais allé. Vous aimez les voyages ?
Yin : – Oui, beaucoup. Mais c'est la première fois que je viens en France.
Claude : – Et quelle est votre profession ?
Yin : – Je suis étudiante en médecine.
Claude : – Et que faites-vous pendant vos loisirs ?
Yin : – Je lis des romans, je fais des promenades à vélo avec des amis, j'aime faire la cuisine...
Claude : – Je suis heureux d'avoir fait votre connaissance. Au revoir. À bientôt, j'espère.
Yin : – Moi aussi ! À bientôt.

2 **1.** Une femme : – Bonjour ! Je peux vous poser quelques questions ?
2. Une femme : – Quelle est votre nationalité ?
3. Une femme : – Où êtes-vous né(e) ?
4. Une femme : – Avez-vous des enfants ?
5. Une femme : – Quelle est votre profession ?
6. Une femme : – Vous vivez dans cette ville depuis longtemps ?
7. Une femme : – Vous pouvez me parler de l'endroit où vous habitez ?
8. Une femme : – Qu'est-ce que vous allez faire aujourd'hui ?
9. Une femme : – Vous faites souvent du sport ?
10. Une femme : – Merci de m'avoir répondu. Au revoir !

Une femme : – Bonjour ! Je peux vous poser quelques questions ?
Un homme : – Je vous en prie.
Une femme : – Quelle est votre nationalité ?
Un homme : – Je suis Jordanien.
Une femme : – Où êtes-vous né ?
Un homme : – Je suis né à Petra, près du désert.
Une femme : – Avez-vous des enfants ?
Un homme : – J'ai une fille et un garçon.
Une femme : – Quelle est votre profession ?
Un homme : – Je suis ingénieur.
Une femme : – Vous vivez dans cette ville depuis longtemps ?
Un homme : – Je suis arrivé il y a trois semaines.
Une femme : – Vous pouvez me parler de l'endroit où vous habitez ?
Un homme : – J'ai loué un logement de trois pièces ; j'habite avec des amis.
Une femme : – Qu'est-ce que vous allez faire aujourd'hui ?
Un homme : – Après mon cours de français, j'irai à la piscine. Ce soir, je vais au restaurant.
Une femme : – Vous faites souvent du sport ?
Un homme : – Chaque semaine.
Une femme : – Merci de m'avoir répondu. Au revoir !
Un homme : – Au revoir !

DÉVELOPPEZ
vos compétences

COMPRÉHENSION DE L'ORAL

Au marché

1 Bruno : – Tu as la liste des courses ? On a pensé à tout ?
Alice : – Bon, alors : il faut deux salades, deux kilos de tomates, un kilo d'oignons rouges, du beurre, du fromage, du raisin, quatre kilos de pommes, deux kilos de poires.
Bruno : – Rajoute un litre de lait, douze œufs et du pain, s'il te plaît.

2 **1.** Bruno : – Bonjour Monsieur, est-ce que vous avez du beurre, s'il vous plaît ?
Un commerçant : – Bien sûr Monsieur, vous en voulez combien ?
2. Alice : – Pardon Monsieur ? Avez-vous de la crème fraîche ?
Le commerçant : – Oui, voilà.
Alice : – Merci.
3. Bruno : – Madame, avez-vous du camembert ?
La commerçante : – Oui, du camembert de Normandie.
Bruno : – Excusez-moi, je n'ai pas entendu.
La commerçante : – J'ai du camembert de Normandie. Il est très bon !
4. Alice : – Je vous remercie pour cette idée de recette.
La commerçante : – Mais de rien, au revoir.

3 **1.** Bruno : – Elles sont belles vos tomates ! J'en voudrais deux kilos.
La commerçante : – Ça fera 3 €.
2. Alice : – Et combien coûtent les poires ?
La commerçante : – 2 € le kilo.
Alice : – Très bien, alors deux kilos de poires, s'il vous plaît.
3. Bruno : – Vous avez aussi du raisin ?
La commerçante : – Oui du beau raisin noir d'Italie.
4. Alice : – Nous voudrions des oignons rouges aussi.
La commerçante : – Désolée, je n'ai que des blancs.
5. Bruno : – Ah ! Donnez-moi aussi une salade, s'il vous plaît.
La commerçante : – Deux salades pour le prix d'une, ça vous intéresse ?
Bruno : Oui, d'accord !

Tout Paris en voiture !

1 Le chauffeur de taxi : – Où est-ce que je vous conduis ?
Loïc : – À l'hôtel Sainte-Catherine, au 10 rue de Sévigné, pour déposer mes bagages.
Le chauffeur : – D'accord !
Loïc : – Ensuite, je dois être à 10 heures dans ma famille, au 18 rue Botzaris. Ils habitent près du parc des Buttes Chaumont.
Le chauffeur : – Ça va être difficile pour 10 heures, mais on va essayer !

2 Loïc : – Merci Jacques ! Maintenant j'ai rendez-vous chez des clients près de la Bastille, au 5 boulevard Beaumarchais. Ça ira pour 11 heures ?
Jacques : – Pas de problème.
Loïc : – Oui, mais mon programme est chargé : je dois aller à la porte d'Ivry pour prendre les vêtements de ma collection de mode, ensuite je dois aller voir un magasin, place des Fêtes, à Belleville.

3 Voir **1.** et **2.**

Qui est qui ?

1 Jacques : – Bonjour. Je me présente : Jacques Martin.
Béatrice : – Bonjour, moi c'est Béatrice Rocher et ma fille Marion. Vous avez loué à quel étage ?
Jacques : – Nous sommes au troisième étage, et vous ?
Marion : – Nous, au deuxième.

2 **Séquence 1 :**
Jacques : – Je vous présente ma femme Élise et mon fils Jean. Il a à peu près le même âge que votre fille, non ?
Marion : – Moi, c'est Marion et j'ai 12 ans.
Gilles : – Gilles Rocher, très heureux.
Séquence 2 :
Jean : – Moi, j'ai 13 ans et c'est la troisième fois que je viens ici faire du ski.
Béatrice : – Mais oui, Jean, on le sait ; ne faites pas attention ! Mais c'est vrai qu'il adore le ski.
Marion : – Moi aussi j'aime ça, j'ai déjà passé le premier diplôme.
Séquence 3 :
Gilles : – Et si on vidait les voitures ?
Jacques : – Bonne idée ! Jean va nous aider à sortir les bagages.
Élise : – Oui, on va s'organiser dans les escaliers. Il n'y a pas d'ascenseur. Moi je reste ici dans le hall et toi Marion, va au premier étage.

Au travail !

1 **1.** – Moi, je suis secrétaire et j'aime bien mon métier. **2.** – Je suis professeur et ça me passionne. **3.** – Je suis vendeuse dans un grand magasin, c'est fatiguant et je cherche un autre travail. **4.** – Je suis pianiste, j'ai toujours rêvé de faire ça. **5.** – Je suis journaliste, mais ça ne m'intéresse plus et je veux devenir écrivain. **6.** – Dans mon métier de coiffeur, je vois beaucoup de gens, ça m'intéresse. **7.** – Je suis agriculteur. C'est un travail trop fatiguant. **8.** – Je suis architecte, c'est une profession difficile mais elle me plaît bien. **9.** – Je suis garagiste. Depuis que je suis petit j'aime les voitures.

2 J'ai 27 ans... Je parle parfaitement l'espagnol... J'ai mon baccalauréat... J'ai fait deux ans d'études de secrétariat commercial... Ensuite j'ai une expérience de six mois en Suisse dans une banque d'affaires... En ce moment, je suis secrétaire pour un comptable... C'est un chef sympathique... Mais je m'ennuie un peu... Je cherche un autre travail... Dans une grosse société si possible.

3 **1.** Vous maîtrisez l'espagnol. Venez chez Eurovoyages, nous cherchons une assistante commerciale bilingue. **2.** Vous avez travaillé à l'étranger ? La société européenne d'assurances Atoutsur recherche une secrétaire dynamique avec une première expérience. **3.** Rejoignez notre grand groupe alimentaire. Nous cherchons pour notre siège à Paris une secrétaire bilingue espagnol, motivée et maîtrisant l'informatique.

PRODUCTION ORALE

Présentations !

3 Mesdames, Mesdemoiselles, Messieurs, vous allez assister ce soir à la présentation de mode de l'école Moda. Ce défilé est le travail de fin d'études des cent cinquante (150) étudiants de l'école. Les cinq étudiants, directeurs de collection, vous expliqueront leur travail. Je vous souhaite une excellente soirée.

Mille et une questions...

2 **1.** Martine : – Mon chat s'appelle Casimir.
2. Martine : – Je vis seule depuis trois ans.
3. Martine : – Je n'ai pas d'enfant.
4. Martine : – Oh, l'appartement est grand. Il fait 150 m^2. Il y a quatre chambres.

Anna : – Comment s'appelle votre chat ?
Martine : – Mon chat s'appelle Casimir.
Anna : – Est-ce que vous vivez seule ?
Martine: – Je vis seule depuis trois ans.
Anna : – Avez-vous des enfants ?
Martine : – Je n'ai pas d'enfant.
Anna : – Combien avez-vous de chambres à louer ?
Martine : – Oh, l'appartement est grand. Il fait 150 m^2. Il y a quatre chambres.

3 **1.** Claude : – Allô Martine ?
2. Claude : – Ah ! Bonjour. Alors, vous venez de quel pays ?
3. Claude : – Et vous étudiez quoi ?
4. Claude : – Merci de dire à Martine que j'ai appelé.

Claude : – Allô Martine ?
Gisela : – Je suis désolée, Martine n'est pas là. Je suis Gisela, la nouvelle locataire.
Claude : – Ah, bonjour ! Alors, vous venez de quel pays ?
Gisela : – Je suis allemande.
Claude : – Et vous étudiez quoi ?
Gisela : – J'étudie les sciences politiques.
Claude : – Merci de dire à Martine que j'ai appelé.
Gisela : – Oui bien sûr, je lui dirai. Au revoir Monsieur.

Si on vous dit..., vous répondez...

1 **1.** Stéphane : – Salut ! Moi, c'est Stéphane et toi ?
2. Stéphane : – Tu vis à Paris ?

3. Stéphane : – C'est la première fois que je te vois ici, pourtant, je sors souvent...
4. Stéphane : – Et tu es étudiante ?
5. Stéphane : – Tu es en première année ?
6. Stéphane : – Je vais bientôt devoir partir ; je me lève tôt demain.
7. Stéphane : – Je peux te raccompagner un peu si tu veux. Je prends le métro et toi ?
8. Stéphane : – Si un soir tu veux boire un verre ou visiter Paris, appelle-moi ! Je vais te laisser mon numéro de téléphone, si tu es d'accord.
9. Stéphane : – Alors, c'est le 06 12 34 24 17.
10. Stéphane : – À bientôt, j'espère.

Stéphane : – Salut ! Moi, c'est Stéphane et toi ?
Juliette : – Moi, c'est Juliette.
Stéphane : – Tu vis à Paris ?
Juliette : – Oui, je vis en colocation, avec une amie.
Stéphane : – C'est la première fois que je te vois ici, pourtant, je sors souvent...
Juliette : – C'est normal, je viens juste d'arriver à Paris.
Stéphane : – Et tu es étudiante ?
Juliette : – Oui, je fais des études d'économie.
Stéphane : – Tu es en première année ?
Juliette : – Non, en troisième année. J'ai fait les deux premières années dans une autre université.
Stéphane : – Je vais bientôt devoir partir ; je me lève tôt demain.
Juliette : – Moi aussi, je vais y aller.
Stéphane : – Je peux te raccompagner un peu si tu veux. Je prends le métro et toi ?
Juliette : – Moi aussi. Je veux bien alors.
Stéphane : – Si un soir tu veux boire un verre ou visiter Paris, appelle-moi ! Je vais te laisser mon numéro de téléphone, si tu es d'accord.
Juliette : – Très bien.
Stéphane : – Alors, c'est le 06 12 34 24 17.
Juliette : – C'est noté !
Stéphane : – À bientôt, j'espère.
Juliette : – À bientôt.

2 **1.** Juliette : – Alors cette fois, c'est moi qui pose les questions ! Parle-moi un peu de toi : tu es parisien ?
2. Juliette : – Et tu joues de la musique, je t'ai vu à la soirée...
3. Juliette – Ah, c'est bien d'avoir une passion ! Moi, j'aime plutôt cuisiner et toi ?
4. Juliette : – J'ai une invitation pour aller à la présentation du dernier livre de Patrick Modiano, tu veux venir avec moi ?
5. Juliette : – Mais au fait, tu aimes la littérature ? Qu'est-ce que tu aimes lire ?
6. Juliette : – Tu ne m'as pas parlé de ta famille : tu as des frères et sœurs ?
7. Juliette : – Et tu les vois souvent ?

Juliette : – Alors cette fois, c'est moi qui pose les questions ! Parle-moi un peu de toi : tu es parisien ?
Stéphane : – Oui, je suis né ici.
Juliette : – Et tu joues de la musique, je t'ai vu à la soirée...
Stéphane : – Oui, je joue du piano depuis que je suis tout petit.
Juliette – Ah, c'est bien d'avoir une passion ! Moi, j'aime plutôt cuisiner et toi ?
Stéphane : – Moi, pas du tout. Je sais seulement faire des pâtes et du riz !
Juliette : – J'ai une invitation pour aller à la présentation du dernier livre de Patrick Modiano, tu veux venir avec moi ?
Stéphane : – Oui, pourquoi pas !
Juliette : – Mais au fait, tu aimes la littérature ? Qu'est-ce que tu aimes lire ?
Stéphane : – Je lis beaucoup de romans policiers et aussi des bandes dessinées.
Juliette : – Tu ne m'as pas parlé de ta famille : tu as des frères et sœurs ?
Stéphane : – J'ai deux sœurs : Aude qui a 10 ans et Élodie qui a 15 ans.
Juliette : – Et tu les vois souvent ?
Stéphane : – Oui, assez souvent. Ma famille habite à Paris, alors je vais les voir le week-end.

3 **1.** Pizzarapido : – Alors, qu'est-ce qu'il vous faut ?
2. Pizzarapido : – Combien de pizzas à la tomate et aux anchois ?
3. Pizzarapido : – Est-ce que vous voulez une salade à la mozzarella avec ?
4. Pizzarapido : – Pour combien de personnes ?
5. Pizzarapido : – Quelle est votre adresse, s'il vous plaît ?
6. Pizzarapido : – Vous payez par chèque ou en liquide ?
7. Pizzarapido : – À quelle heure souhaitez-vous être livré ?

Pizzarapido : – Alors qu'est-ce qu'il vous faut ?
L'ami de Stéphane : – Je voudrais commander un repas pour quatre personnes.
Pizzarapido : – Combien vous voulez de pizzas ?
L'ami de Stéphane : – Quatre pizzas à la tomate et aux anchois, s'il vous plaît.
Pizzarapido : – Est-ce que vous voulez une salade à la mozzarella avec ?
L'ami de Stéphane : – Oui, merci.
Pizzarapido : – Pour combien de personnes ?
L'ami de Stéphane : – Une salade pour quatre personnes.
Pizzarapido : – Quelle est votre adresse, s'il vous plaît ?
L'ami de Stéphane : – J'habite au 67 rue des Invalides.
Pizzarapido : – Vous payez par chèque ou en liquide ?
L'ami de Stéphane : – Je paierai en liquide.
Pizzarapido : – À quelle heure souhaitez-vous être livré ?

L'ami de Stéphane : – Livrez-moi dans une heure environ, vers 20 heures.

4 **1.** Le candidat : – Ça va bien. Je suis content de participer à ce jeu !
2. Le candidat : – Oui.
3. Le candidat : – La Fête de la musique a lieu le 21 juin.
4. Le candidat : – Le vrai nom de Johnny Halliday est Jean-Philippe Smet.
5. Le candidat : – Le réalisateur du film *Fantômas* est Louis Feuillade.
6. Le candidat : – Euh... Oui...
7. Le candidat : – En France, les ours vivent dans les Pyrénées.
8. Le candidat : – Le roi qui a fait construire le château de Versailles est Louis XIV.
9. Le candidat : – Les quatre plus grandes villes de France sont Paris, Lyon, Marseille et Lille.
10. Le candidat : – L'auteur des *Misérables* est Victor Hugo.

Le présentateur : – Bonjour à tous, nous recevons aujourd'hui un nouveau candidat. Il s'appelle Patrick, il a 30 ans et il est professeur de musique dans un collège. Bonjour Patrick, comment allez-vous ?
Le candidat : – Ça va bien. Je suis content de participer à ce jeu !
Le présentateur : Je vous rappelle la règle du jeu : je vous pose une série de questions sur des sujets variés et de la vie quotidienne et vous devez répondre en formulant une phrase complète. Patrick, êtes-vous prêt ?
Le candidat : – Oui.
Le présentateur : – Alors je commence. Première question : quand a lieu la Fête de la musique ?
Le candidat : – La Fête de la musique a lieu le 21 juin.
Le présentateur : – Quel est le vrai nom de Johnny Halliday ?
Le candidat : – Le vrai nom de Johnny Halliday est Jean-Philippe Smet.
Le présentateur : – Qui est le réalisateur du film *Fantômas* ?
Le candidat : – Le réalisateur du film *Fantômas* est Louis Feuillade.
Le présentateur : – Ça va toujours ?
Le candidat : – Euh... Oui...
Le présentateur : – Alors on continue. Où vivent les ours en France ?
Le candidat : – En France, les ours vivent dans les Pyrénées.
Le présentateur : Quel roi a fait construire le château de Versailles ?
Le candidat : – Le roi qui a fait construire le château de Versailles est Louis XIV.
Le présentateur : – Quelles sont les quatre plus grandes villes de France ?
Le candidat : – Les quatre plus grandes villes de France sont Paris, Lyon, Marseille et Lille.
Le présentateur : – Attention Patrick, dernière question : qui est l'auteur des *Misérables* ?
Le candidat : – L'auteur des *Misérables* est Victor Hugo.
Le présentateur : – Bravo ! Vous avez répondu avec succès à toutes les questions. Vous pourrez participer à la grande finale !

Voyage, voyages...
1 **1.** La vendeuse : Quelle est votre destination ? **2.** La vendeuse : À quelle période souhaitez-vous partir ? **3.** La vendeuse : Vous préférez un vol simple, un vol avec hôtel ou un voyage organisé ? **4.** La vendeuse : Quelle sera la durée de votre séjour ? **5.** La vendeuse : Quel est votre budget ? **6.** La vendeuse : Vous voyagerez seul ou accompagné ?

La vendeuse : – Quelle est votre destination ?
Le client : – Je veux partir en Tunisie.
La vendeuse : – À quelle période souhaitez-vous partir ?
Le client : – Je souhaite partir fin octobre.
La vendeuse : – Vous préférez un vol simple, un vol avec hôtel ou un voyage organisé ?
Le client : – Je préfère un voyage organisé.
La vendeuse : – Quelle sera la durée de votre séjour ?
Le client : – Je resterai une semaine.
La vendeuse : – Quel est votre budget ?
Le client : – Je ne veux pas dépasser cinq cents euros.
La vendeuse : – Vous voyagerez seul ou accompagné ?
Le client : – Je partirai seul.

PASSEZ L'EXAMEN
SUJET D'EXAMEN 1

ÉPREUVE DE COMPRÉHENSION DE L'ORAL

Comprendre des annonces et des indications
1 Le RER « EMIR » partira voie F à 11 heures.

Comprendre des instructions orales
2 Bonjour chers amis, bonjour Nadine. Votre famille vous regarde ? Je vous rappelle, Nadine, que ce soir comme tous les lundis, vous pouvez gagner un voyage à La Réunion. Les téléspectateurs peuvent aussi participer jusqu'à 20 heures par téléphone au : 08 88 18 28 38.

Comprendre une conversation et des expressions de la vie quotidienne
3 **Situation 1 :** – Ça fait tellement longtemps qu'on ne s'est pas vus.
– Allez on s'embrasse.

Situation 2 : – Bonjour ! Gaël Bertrand.
– Très heureux de faire votre connaissance !
Situation 3 : – Tu as pris la crème solaire ?
– Oui, elle est au fond du sac.
Situation 4 : – Tu peux m'aider ? Depuis ce matin, j'ai des problèmes avec cet ordinateur !
– Ne t'inquiète pas, je connais cette panne.

Obtenir des biens et des services

4 **Situation 1 :**
– Vous voulez vous asseoir ?
– Non merci !
– J'insiste. Le chauffeur conduit très brutalement !
– Je descends au prochain arrêt, merci vraiment !
Situation 2 :
– Cette robe vous va très bien.
– Elle coûte combien ?
– Avec votre carte de fidélité, ça vous fera 100 €.
– Alors ça va, je la prends.
Situation 3 :
– Tu veux vraiment partir demain ?
– Oui, je sais, tout le monde part le 1er juillet, mais on peut essayer.
– On va avoir beaucoup de voitures, c'est tout.

ÉPREUVE DE PRODUCTION ORALE

ENTRETIEN DIRIGÉ

Questions sur vous

1. Vous vous appelez comment ? / Comment vous appelez-vous ? **2.** Présentez-vous, s'il vous plaît. / Parlez-moi de vous. **3.** Quelle est votre nationalité ? / Vous êtes de quelle nationalité ? **4.** Quelle est votre ville d'origine ? / D'où venez-vous ? / Vous venez de quel pays ? **5.** Où êtes-vous né ? **6.** Quel âge avez-vous ? **7.** Où habitez-vous ? **8.** Est-ce que vous vivez dans une grande ville ? / À la campagne ?

Questions sur votre famille

1. Vous êtes marié ? / Vous êtes célibataire ? / Quelle est votre situation de famille ? **2.** Avez-vous des enfants ? Combien ? Ils ont quel âge ? **3.** Vos parents / vos enfants vivent loin de vous ? Près de vous ?

Questions sur vos goûts et vos activités

1. Vous aimez le sport ? / Vous faites du sport ? / Quel sport pratiquez-vous ? / Quel sport aimez-vous ? **2.** Quels sont vos loisirs ? / Que faites-vous pendant vos loisirs ? **3.** Que faites-vous pendant les vacances / en vacances ? / Le week-end ? / Où partez-vous en vacances ? **4.** Quel(le) est votre couleur / saison / animal / livre / film... préféré(e) ?

Questions sur votre profession

1. Quelle est votre profession ? /Quel métier exercez-vous ? / Quel est votre métier ? / Vous faites quoi ? / Qu'est-ce que vous faites ? / Quel est votre travail ? **2.** Est-ce que vous aimez votre travail ? / Votre travail vous plaît ?

Exemple d'entretien dirigé

Le candidat : – Bonjour monsieur.
L'examinateur : – Bonjour. Asseyez-vous. Nous allons commencer par l'entretien dirigé, vous êtes prêt ?
Le candidat : – Oui, mais j'ai peur...
L'examinateur : – Non, non, il ne faut pas, tout va bien se passer. Tout d'abord, quels sont vos nom et prénom ?
Le candidat : – Je suis Bruno Pereira.
L'examinateur : – D'où êtes-vous ?
Le candidat : – Pardon, je ne comprends pas.
L'examinateur : – De quel pays êtes-vous ?
Le candidat : – Je suis brésilien, je suis né à Porto Alegre.
L'examinateur : – Est-ce que vous travaillez ?
Le candidat : – Oui, je suis informaticien.
L'examinateur : – Vous pouvez me parler de votre travail ?
Le candidat : – Je suis... comment on dit... comment on dit... Je fais des programmes.
L'examinateur : – Vous aimez votre travail ?
Le candidat : – Oui, c'est bien.
L'examinateur : – Parlez-moi maintenant de votre famille.
Le candidat : – J'ai deux enfants, un garçon et une fille. Ils ont 3 et 5 ans.
L'examinateur : – Je vous remercie, nous allons passer à la seconde partie de l'examen, à partir des cartes avec les mots.

ÉCHANGE D'INFORMATIONS

Le candidat : – Quel est votre nom ?
L'examinateur : – Mon nom est Thomas.
Le candidat : – Vous avez quel âge ?
L'examinateur : – J'ai trente-cinq (35) ans.
Le candidat : – Quelle est votre nationalité ?
L'examinateur : – Je suis Finlandais.
Le candidat : – Quelle est votre adresse ?
L'examinateur : – J'habite dans le centre d'Helsinki.
Le candidat : – Quels sont vos loisirs ?
L'examinateur : – J'aime écouter de la musique et surtout courir.
Le candidat : – Vous aimez l'informatique ?
L'examinateur : – Beaucoup, et je communique avec mes amis sur Internet.
Le candidat : – Vous aimez les voyages ?
L'examinateur : – Oui, j'ai visité une douzaine de pays.
Le candidat : – Vous vivez en appartement ?
L'examinateur : – Oui, j'aime bien.
Le candidat : – Vous êtes fumeur ?
L'examinateur : – Non, je n'ai jamais fumé.
Le candidat – Est-ce que vous aimez les animaux ?

L'examinateur : – Oui, mais je voyage beaucoup, alors je ne peux pas en avoir.
Le candidat – Merci. C'est tout ce que j'ai à vous demander.

DIALOGUE SIMULÉ

Le client : – Bonjour. C'est l'anniversaire de ma petite sœur. Je veux lui offrir deux livres. Pouvez-vous m'aider ?
Le vendeur : – Bonjour, oui bien sûr. Votre sœur a quel âge ?
Le client : – Elle a 16 ans.
Le vendeur : – Elle préfère les romans ?
Le client : – Oui, les romans policiers.
Le vendeur : – Là sur cette table, vous avez les dernières parutions. Je vous conseille ces deux-là, ils m'ont beaucoup plu.
Le client : – Je les prends alors. Il me faut aussi un CD.
Le vendeur : – Quelle est sa musique préférée ?
Le client : – En ce moment elle écoute beaucoup de musique africaine.
Le vendeur : – Il y a trois ou quatre albums intéressants, les groupes africains sont à la mode.
Le client : – Je n'en connais aucun, je vais choisir au hasard.
Le vendeur : – Bien, ça vous fera 75 €.
Le client : – Les voilà. Merci. Au revoir.

PASSEZ L'EXAMEN
SUJET D'EXAMEN 2

ÉPREUVE DE COMPRÉHENSION DE L'ORAL

Comprendre des annonces et des indications
1 Pour aller au Louvre, il faut prendre le bus n° 29, le prochain passe à 10 heures.

Comprendre des instructions orales
2 Bonjour mon chéri. N'oublie pas : ce soir nous allons au cinéma avec les enfants. Tu dois être à la maison à 18 heures 40 dernier délai. Au fait, note l'adresse du cinéma : Cinécité, 15, rue Hautefeuille.

Comprendre une conversation et des expressions de la vie quotidienne
3 **Situation 1 :**
– Je suis bien contente d'être là.
– Moi aussi ! On va pouvoir visiter Paris tous les deux en amoureux.
Situation 2 :
– Je n'aime pas du tout ce tableau.
– Moi j'adore : je trouve les couleurs et le dessin très beaux !
Situation 3 :
– Alors la maîtresse a été gentille aujourd'hui ?
– Oui, et en plus on a préparé la fête de l'école !
Situation 4 :
– Bonjour monsieur. Je vais prendre un kilo de tomates, s'il vous plaît.
– Bien madame. Ça fait 2 € !

Obtenir des biens et des services
4 **Situation 1 :**
– Alors qu'est-ce qu'on mange ce midi ?
– Des pâtes à la tomate.
– Ah ? C'est tout ?
– Si tu n'es pas content, il faut rester manger à l'école le midi.
Situation 2 :
– Bonjour, je voudrais voir les téléviseurs à écran plat.
– Regardez, voici notre dernier modèle.
– Quel est le prix du téléviseur avec un abonnement aux chaînes câblées ?
– Nous faisons une offre promotionnelle, tout est compris dans le prix de l'appareil.
Situation 3 :
– Pas de chance cette panne de voiture à 3 kilomètres du village, en pleine campagne !
– En plus, il n'y a personne sur cette route !
– Qu'est-ce qu'on fait alors ?
– On téléphone à mon assurance. Ils ont un service 24 h sur 24.

ÉPREUVE DE PRODUCTION ORALE

ENTRETIEN DIRIGÉ

Voir entretien dirigé : sujet 1.

Exemple d'entretien dirigé
La candidate : – Bonjour madame.
L'examinatrice : – Bonjour. Asseyez-vous. Nous allons commencer par l'entretien dirigé, vous êtes prête ?
La candidate : – Oui, ça va.
L'examinatrice : – Tout d'abord, comment vous appelez vous ?
La candidate : – Je m'appelle Anna et j'ai 28 ans.
L'examinatrice : – Vous êtes originaire de quel pays ?
La candidate : – Je suis ukrainienne.
L'examinatrice : – Est-ce que vous êtes mariée ?
La candidate : – Non, pas encore.
L'examinatrice : – Vous pourriez me parler de votre famille ?
La candidate : – Mes parents vivent à Kiev comme moi. Ils sont âgés. Ils ont 75 ans. J'ai deux grands frères. Ils sont mariés. Ils ont des enfants.
L'examinatrice : – Vous êtes encore étudiante ?
La candidate : – Non, je suis infirmière dans un hôpital.
L'examinatrice : – Je vous remercie, nous allons passer à la seconde partie de l'examen, à partir des cartes avec les mots.
La candidate : – Merci.

ÉCHANGE D'INFORMATIONS

La candidate : – Quel est votre nom ?
L'examinatrice : – Je m'appelle Suzanne.
La candidate : – Vous avez quel âge ?
L'examinatrice : – J'ai quarante-deux ans.
La candidate : – Vous venez de quel pays ?
L'examinatrice : – Je suis belge.
La candidate : – Où aimez-vous passer vos vacances ?
L'examinatrice : – Je préfère la montagne.
La candidate : – Vous aimez lire ?
L'examinatrice : – Oui, je lis beaucoup / des romans.
La candidate : – Quel est votre métier ?
L'examinatrice : – Je suis professeur de français.
La candidate : – Avez-vous des enfants ?
L'examinatrice : – Oui, j'ai deux enfants.
La candidate : – Vous aimez faire la cuisine ?
L'examinatrice : – Non, pas beaucoup.
La candidate : – Vous vivez en ville ?
L'examinatrice : – Oui, dans une grande ville.
La candidate : – Est-ce que vous faites du vélo ?
L'examinatrice : – J'aime ça, oui, ça me détend.

DIALOGUE SIMULÉ

La cliente : – Bonjour madame.
L'épicière : – Bonjour madame. Que désirez-vous ?
La cliente : – Je viens chercher ce qu'il me faut pour faire un gâteau au chocolat : de la farine, du sucre, des œufs et du chocolat.
L'épicière : – Voilà. Pour le chocolat, vous avez le choix.
La cliente : – Je ne sais pas. Ce chocolat noir a l'air très bien.
L'épicière : – Combien vous en faut-il ?
La cliente : – 400 grammes.
L'épicière : – Je vous en donne deux plaquettes.
La cliente : – Je vais mettre des noisettes aussi.
L'épicière : – J'ai des sachets de 200 ou 400 grammes.
La cliente : – Un sachet de 200 grammes suffit.
L'épicière : – Ce sera tout ?
La cliente : – Oui, je crois.
L'épicière : – Ça fera 22,20 €.
La cliente : – Voilà. Merci, au revoir.
L'épicière : – Au revoir.

REPÉREZ vos points forts et vos points faibles

COMPRÉHENSION DE L'ORAL

Comprendre des annonces publiques

1 La photo correspond à la situation entendue pour les phrases : 1, 2, 4, 5, 6.

Comprendre des mots ou des expressions isolés

2 Les mots entendus sont :
1 : le ballon ; 2 : le pompon ; 3 : les cheveux ; 4 : la date ; 5 : elles ouvrent ; 6 : voir ; 7 : joue ; 8 : taper.

Comprendre des indications brèves et simples

3 L'image correspond à la situation entendue pour les phrases : 1, 2, 4.

Comprendre des interventions isolées

4 L'expression donnée correspond à la situation entendue pour les phrases : 1, 2, 3, 4, 6, 7.

Comprendre des questions sur la vie quotidienne

5 1 : Je m'appelle Jean. 2 : J'ai 28 ans. 3 : J'ai 3 enfants. 4 : Je vis effectivement dans un appartement. 5 : Je travaille depuis 10 ans.

Comprendre les formules de politesse et de salutation

6 situation 1 : a ; situation 2 : c ; situation 3 : d ; situation 4 : h ; situation 5 : g ; situation 6 : f ; situation 7 : e ; situation 8 : b.

COMPRÉHENSION DES ÉCRITS

Comprendre des textes courts de la vie quotidienne

1 Entrée : salade au fromage de chèvre chaud. Plat : spaghetti tomates basilic. Dessert : fondant au chocolat. Boisson : eau minérale.

Comprendre un message écrit

2 **1.** un livre **2.** à 17 h 00 **3.** vous êtes invité à boire un verre. **4.** par courrier électronique ou par téléphone.

S'orienter d'après un document écrit

3

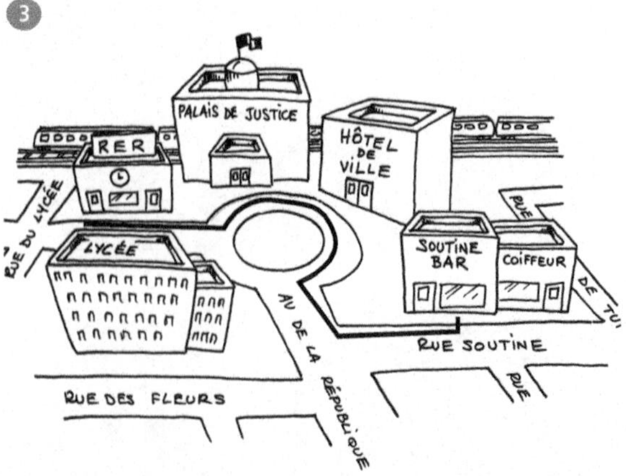

Analyser des informations écrites

4 **1.** deux billets pour le prix d'un. **2.** *Le Parfum de la dame en noir* **3.** et **4.** *Bon voyage* **5.** 22 h 00.

Comprendre des instructions écrites simples

5 **1.** une fois par jour. **2.** ou bien des croquettes, ou bien de la pâtée. **3.** de l'eau et du lait mélangés. **4.** Lulu ne doit pas sortir.

Comprendre des instructions écrites… moins simples

6 **1.** un mois de loyer **2.** deux mois de loyer (caution) **3.** trois ans

PRODUCTION ÉCRITE

Utilisez les grilles d'auto-évaluation à la fin de chaque exercice pour déterminer votre résultat. Ci-dessous, vous trouverez quelques conseils et des exemples, parmi de nombreuses autres possibilités.

Recopier un texte court

1 Conseils pour vous corriger vous-même : attention aux mots que vous ne connaissez pas ; attention à la terminaison des verbes ; attention aux mots au pluriel.

Remplir un formulaire d'informations personnelles

2 Exemple de fiche d'inscription :

INSCRIPTION AU CENTRE DE LANGUE
Année universitaire : 2006 – 2007
NOM (en majuscules) : BRODSKI
Prénom : Alexandre
Date de naissance : 09-11-1989
Lieu de naissance : KAZAN (Russie)
Nationalité : russe
Adresse : 55, rue de l'Observatoire 48500 MENDE
Adresse électronique (courriel) : alexbrod@laposte.fr
Téléphone : 08 70 40 51 20
1) Êtes-vous déjà allé(e) en France ? Combien de fois ? Jamais. C'est la première fois. **2) Quelles langues vivantes pratiquez-vous ?** Je parle le russe et le français. **3) Quelles sont vos activités de loisir (sport, musique, club…) ?** Ping-pong, guitare. J'aime beaucoup le cinéma et je regarde trois films par semaine.

Rédiger une carte postale

❸ Le 11 novembre 2006.
Cher Alexis,
Bonjour d'Athènes ! Je suis au café de l'Institut français et je t'écris. Je vais suivre des cours de français ici. Je visite beaucoup de musées. J'ai trois nouveaux amis. J'aime la musique et la cuisine grecques !
À bientôt !
Paulina *[48 mots]*

Échanger des informations personnelles

❹ Lyon, le 1er octobre.
Chère Hilde,
Mon professeur de français m'a donné votre adresse. Je m'appelle Beltran Garcia. Je suis Argentin. J'ai trente ans. Je suis peintre. J'étudie l'art français. J'aime la langue française.
Et vous ? Est-ce que vous aimez la peinture ? Est-ce que vous voyagez beaucoup ?
À bientôt.
Beltran *[52 mots]*

Noter des informations

❺ Transcription du texte (les informations importantes sont soulignées) :

> Bonjour, c'est Paul. Je t'invite ce soir à dîner au restaurant japonais *Benkay*. Rendez-vous à 21 h au métro Javel (ça s'écrit : J-A-V-E-L).
> On parlera de nos projets de vacances.
> Pense à me rendre mon livre sur la Grèce. Tu peux me joindre au 06.33.12.21.30 (je répète : 0-6-3-3-1-2-2-1-3-0). À ce soir !

PRODUCTION ORALE

Propositions de corrigés.

Se présenter

❶ **1.** – Je m'appelle Yin.
2. – Je suis arrivée hier soir.
3. – Je suis Chinoise, de Beijing.
4. – Oui, beaucoup. Mais c'est la première fois que je viens en France.
5. – Je suis étudiante en médecine.
6. – Je lis des romans, je fais des promenades à vélo avec des amis, j'aime faire la cuisine…
7. – Moi aussi ! À bientôt.

❷ **1.** – Je vous en prie.
2. – Je suis Jordanien.
3. – Je suis né à Petra, près du désert.
4. – J'ai une fille et un garçon.
5. – Je suis ingénieur.
6. – Je suis arrivé il y a trois semaines.
7. – J'ai loué un logement de trois pièces ; j'habite avec des amis.
8. – Après mon cours de français, j'irai à la piscine. Ce soir, je vais au restaurant.
9. – Chaque semaine.
10. – Au revoir !

Présenter quelqu'un et demander de ses nouvelles

❸ **1.** – Bonjour Sam !
2. – Je te présente Sébastien. C'est mon cousin.
3. – Comment vas-tu, Sam ? On ne se voit pas souvent ! Est-ce que tu as beaucoup de travail ? Tu écris encore des romans ?
4. – Moi, ça va très bien. J'apprends le français et ça marche bien ! Je prépare le DELF A1 ! C'est pour mon travail. Je suis ingénieur commercial. Je vends des machines, dans le monde entier. Je voyage beaucoup.
5. – Il faut se revoir ! Est-ce que tu es libre demain soir ? Non ? Alors, jeudi ?
6. – À jeudi, Sam. À huit heures, au café près de chez toi. N'oublie pas !

Donner des indications brèves et demander des objets / des produits

❹ **1.** – Salut ! J'ai acheté trois kilos d'oranges. J'ai envie de boire un jus d'orange. Est-ce que tu peux le préparer, s'il te plaît ?
2. – Le presse-fruits est dans la cuisine, sur la table.
3. – Il fait très chaud. Peux-tu mettre des glaçons ?
4. – J'aime le jus d'orange sucré. Ajoute du sucre, s'il te plaît !
5. – Hum… Merci beaucoup ! C'est très bon.

Acheter des biens

❺ Bonjour Monsieur ! Il me faut trois kilos de pommes. Et je voudrais aussi un kilo de pain de campagne. Donnez-moi aussi une bouteille de vin de Bourgogne. Je vous dois neuf (9) euros pour les pommes, deux (2) euros pour le pain et dix euros et soixante-dix centimes (10,70 €) pour la bouteille. Le total est donc vingt et un euros et soixante-dix centimes (21,70 €). Les voici ! Au revoir monsieur !

DÉVELOPPEZ
vos compétences

COMPRÉHENSION DE L'ORAL

Au marché

❶ **a.** 2 kilos de tomates, 1 kilo d'oignons, 4 kilos de pommes, 2 kilos de poires, 1 litre de lait
b. cerises – pommes de terre – bananes

❷ Au revoir : 4 ; Bonjour : 1 ; S'il vous plaît : 1 ; Merci : 2 ; Pardon : 2 ; Excuse-moi : 3 ; Je vous remercie : 4.

❸ 1, 2, 4, 5 : vrai ; 3 : faux

Tout Paris en voiture !

❶ **1.** 10, rue de Sévigné. **2.** Ils habitent près du parc. **3.** à 10 heures.

❷ **1.** 5, boulevard Beaumarchais. **2.** Place des Fêtes. **3.** sa collection de mode.

❸ 1 : rue de Sévigné ; 2 : Parc des Buttes Chaumont (10 h 00) ; 3 : Bastille – Bd Beaumarchais (11 h 00) ; 4 : Porte d'Ivry ; 5 : Place des Fêtes.

Qui est qui ?

❶ **1.** Trois personnes parlent. **2.** au troisième étage. **3.** Béatrice Rocher

❷ **Séquence 1** a. 3 personnes b. 12 ans c. Marion **Séquence 2** a. pour la troisième fois. b. adore le ski. c. a un diplôme de ski. **Séquence 3** a. de vider les voitures. b. de Jean. c. au premier étage.

Au travail !

❶

Profession	1	2	3	4	5	6	7	8	9	J'aime : + Je n'aime pas : –
Coiffeur						✗				+
Journaliste					✗					–
Pianiste				✗						+
Agriculteur							✗			–
Architecte								✗		+
Garagiste									✗	+
Vendeuse			✗							–
Professeur		✗								+
Secrétaire	✗									+

❷ **1.** 27 ans. **2.** très bien. 3 : deux années. **4.** faux (pour une banque) **5.** 6 mois. **6.** faux (comptable) **7.** vrai **8.** faux (un peu) **9.** pour une société importante.

❸ **1.** Eurovoyages : bilingue + commerce / gestion. **2.** Atoutsur : expérience à l'étranger + dynamique. **3.** Groupe alimentaire : bilingue + informatique.

COMPRÉHENSION DES ÉCRITS

Au restaurant

❶ **1.** une cuisine régionale. **2.** quatre fois **3.** deux plats (la soupe de l'Océan et les spaghetti aux trois poissons) **4.** cinq fromages **5.** 23 euros
6. Les chiffres dans les questions 4 et 5.

❷ **1.** cinq rubriques **2.** indice visuel : les caractères gras **3.** de l'eau **4.** du Bourgogne rouge **5. a.** au verre **b.** en bouteille de 75 cl. **6.** le plus vieux : Bourgogne (1998)

❸ **a) Les questions 1.** L'invitation : un cocktail **2. a.** L'heure : 23 h 00 (11 h du soir) **b.** L'adresse : 15, rue de la Tombe-Issoire **c.** Le propriétaire : Jean **d.** L'événement : l'ouverture de la nouvelle galerie **b) Le plan :** à la station *Denfert-Rochereau*

❹ **a)** 2 menus avec supplément = 23 € + 23 € ; vin = 37 € ; 2 cafés = 6 €. Total : 89 euros. **b) 1.**

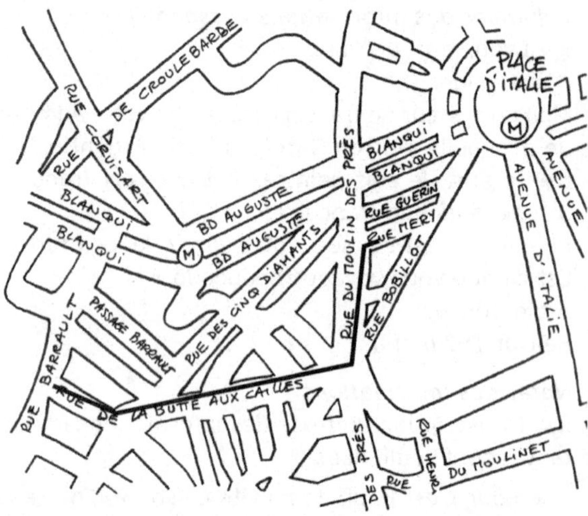

2. possible : b ; impossible : a, c

Joyeux événements

❶

Informations / Carte de vœux	Invitation ?	Où vit le destinataire ?	Destinataire ?
Carte n° 1	oui	Canada	ami
Carte n° 2	oui	Lyon	amis
Carte n° 3	non	NSP	connaissance
Carte n° 4	non	NSP	amie
Carte n° 5	non	Tropiques	membre de la famille

❷ **a)**

Nom de la future mariée : Le Grand
Prénom de la future mariée : Agnès
Adresse de ses parents : 15, rue de la République 14000 Caen
Nom et prénom du futur marié : Duruflet Guy
Lieu du mariage : Mairie de Caen
Date du mariage : 22 décembre

b)

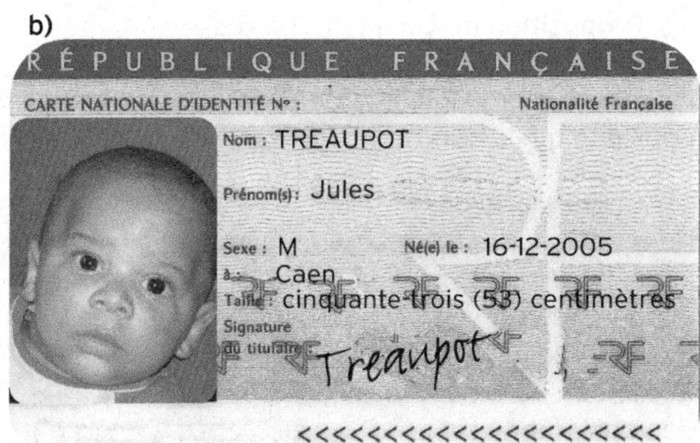

c) Le samedi 24 décembre : concert, à 18 heures, à l'Hôtel de Ville

❸ a) 1 – c ; 2 – b ; 3 – a ; b)

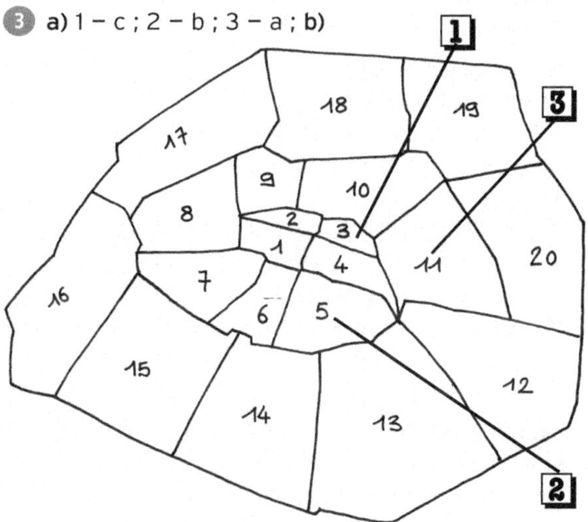

c) « Noël, ma mère » aux Trois Ours (1).

Vivre en bonne santé

❶ **a.** 5, 8, 10 **b.** 6, 9 **c.** 2, 3, 7 **d.** 1, 4

❷ Du lundi au dimanche : marche à pied ; 15 minutes. Un jour au choix dans la semaine : ou bien natation ou bien vélo ; 45 minutes.

❸ **1.** dessin c **2.** dessin d **3.** dessin a **4.** dessin b **5.** dessin f **6.** dessin e

La vie au travail

❶ **1.** il faut penser à copier ses fichiers avant 18 heures. **2.** Jérôme doit téléphoner à M. Schmidt. **3.** Les bureaux du secrétariat ferment le 18 octobre. **4.** Le directeur des ventes rentre en France le 22 octobre.

❷

Jacqueline	➜ réserver une salle	➜ date du 28 octobre
Claude	➜ préparer une salle	➜ 15 personnes
Céline	➜ présenter un exposé	➜ ordinateur
Dominique	➜ préparer des dossiers	➜ dossiers publicitaires

❸ **1.** une invitation. **2.** à Véronique. **3.** rue d'Artois. **4.** l'après-midi. **5.** les personnes venant de l'étranger.

PRODUCTION ÉCRITE

En cuisine !

❶ Tarte au poisson pour 4 personnes :
1. Faites cuire 125 grammes de poisson pendant cinq minutes. **2.** Préparez une pâte brisée avec 200 grammes de farine. **3.** Mettez la pâte brisée dans un plat rond. Mettez le poisson sur la pâte. **4.** Mélangez 3 œufs avec 25 cl de crème fraîche et 25 cl de lait. **5.** Versez ce mélange dans le plat et ajoutez 100 g de fromage râpé. **6.** Mettez au four très chaud pendant 25 minutes. Bon appétit !

❷ – 200 grammes de farine,
– 3 œufs,
– 125 grammes de saumon,
– 25 cl de crème fraîche,
– 25 cl de lait,
– 100 grammes de fromage râpé.

❸ <u>Menu de Jean</u>
– Entrée : *(au choix, <u>un</u> des éléments suivants)* jambon cru, ou melon, ou foie gras.
– Plat principal : tarte au poisson.
– Fromage : *(au choix, <u>un</u> des éléments suivants)* Camembert, ou Livarot, ou Pont-l'Évêque.
– Dessert : *(au choix, <u>un</u> des éléments suivants)* cannelés, ou gâteau aux figues, ou pêches de vigne.

<u>Menu de Lou</u>
– Entrée : *(au choix, <u>un</u> des éléments suivants)* moules, ou crabes, ou huîtres.
– Plat principal : tarte au poisson.
– Fromage : *(au choix, un des éléments suivants)* Camembert, Livarot, Pont-l'évêque.
– Dessert : *(au choix, <u>un</u> des éléments suivants)* cannelés, ou gâteau aux figues, ou pêches de vigne.
Vérifiez que vous avez recopié exactement les éléments choisis.

❹ Proposition de corrigé (d'autres choix sont possibles) :

<u>Lundi</u>
– un laitage : 1 verre de lait (ou un yaourt, ou du fromage)
– un fruit : une orange (ou une banane, ou du raisin, ou un jus de fruits)
– une boisson : un thé (ou un café, ou un chocolat)
– des céréales ou du pain : des céréales mélangées (ou du pain)

<u>Dimanche</u>
– un laitage : un yaourt
– un fruit : une pomme
– une boisson : un café
– des céréales ou du pain : des croissants

Promenade en ville

1 Salut Yves !
Nous sommes passés chez toi à 14 heures pour boire un café. Tu n'étais pas là. Téléphone-nous quand tu rentres.
Bises.
Céline et Jean-Marc

2 **1.** Offre promotionnelle du 12 octobre au 4 novembre
2. Internet à 10 euros par mois.
3. Tél. : 0800.206.206.

3 Proposition de corrigé :
Nom de famille : Gaudin
Adresse : 15, rue de la République
Tél. : 04.72.17.88.85
Courriel : celinejeanmarc@wanadoo.fr

4 Proposition de corrigé :
Nom : Gaudin (voir exercice 3)
Prénom : Céline
Date de naissance : 25-12-1981
Adresse : 15, rue de la République (voir exercice 3)
Téléphone : 04 72 17 88 85 (voir exercice 3)
Choix de la formule :
Formule : « 1 spectacle imposé + 1 spectacle au choix »
Spectacle choisi : Festival de musique indienne – 23 octobre

En vacances !

1 Proposition de corrigé [45 mots] :
Crozon, le 3 juillet 2006.
Chers parents,
Nous sommes bien arrivés à Crozon. Nous sommes au camping. Nous pêchons tous les jours en bateau. Nous avons de amis : les pêcheurs du coin. Tout va bien. À bientôt !
Grosses bises.
Clément et Léo

2 Proposition de corrigé :

La Poste

RECOMMANDÉ
Colis ☒ Lettre ☐ Mandat ☐
Tarif lent (48 heures) ☐
Tarif rapide (24 heures) ☒

EXPÉDITEUR
Nom : PERRAULT
Prénom : Clément et Léo
Adresse / Ville : 10 rue de la Mairie, CROZON
Date d'envoi : 3 juillet 2006

DESTINATAIRE
Nom : PERRAULT
Prénom : Anne
Adresse / Ville : 15 rue Vaneau 75007 PARIS

3 Proposition de corrigé [25 mots] :
Un jour, il voit une belle île. Il décide de s'arrêter. Il arrive sur la plage. Il n'y a personne. Il s'installe pour quelques jours...

4 Chère Mathilde,
Nous naviguons vers l'ouest. La mer est agitée. Pour un mois d'été, le temps est mauvais.
J'espère revenir vers vous pour l'anniversaire de Max.
N'oubliez pas d'informer ma mère que je vais bien.
Sur le bateau, nous travaillons beaucoup.
Je vous embrasse.
Jean.

Achats sur Internet

1 Proposition de corrigé :

Nom : LEVASSEUR
Prénom : Isabelle
Adresse : 18, avenue des Peuplier – 27000 ÉVREUX
Courriel : ilou@laposte.fr
Tél. : 02................
Moyen de paiement : carte bleue ☐
chèque ☐

Adresse de livraison (si différente de la précédente) : Collège des Aubrais, 10 chemin du Château, 27 000 ÉVREUX

Titre : *Le Chat détective*
Numéro de catalogue (obligatoire : 5 chiffres suivi de 2 lettres) : 19865 BC
Nombre d'exemplaires : 28

2

Courriel : ilou@laposte.fr
Ouvrage commandé : *Le Chat détective*
Numéro de catalogue : 19865 BC
Problème rencontré lors de la livraison (expliquez en une phrase) : J'ai commandé 28 exemplaires de *Le Chat détective* et je n'ai reçu que 25 livres.
Envoyez votre réclamation en cliquant ici.
Vous recevrez un accusé de réception en retour de message.

3 Proposition de corrigé (d'autres solutions sont possibles) :
1. deux livres
2. Je lis beaucoup de romans. J'aime lire des romans. / Je ne lis jamais de théâtre. / J'aime les ouvrages historiques. / Je ne lis jamais d'ouvrages techniques.
3. J'écris tous les jours pour moi-même.
4. Je voudrais rencontrer des écrivains, ça doit être intéressant.
5. Je ne lis jamais les journaux, je regarde la télévision (je surfe sur Internet, j'écoute la radio...).
6. Les livres sont trop chers, on ne peut pas en acheter beaucoup.

4 Proposition de corrigé [30 mots] :

De : ilou@laposte.fr
À : marie.pierre@publivre.fr
Date : 15 octobre 2006
Heure : 10 h 24
Madame,
Je suis professeur dans un collège. J'ai répondu à vos questions. Je souhaite devenir une « lectrice privilégiée » et recevoir des livres gratuitement. Merci.
Meilleures salutations.
Isabelle Levasseur

PRODUCTION ORALE

Vous trouverez ci-dessous des propositions de corrigés. Mais bien d'autres possibilités existent. Votre professeur est là pour vous guider.

Présentations !

1 Bonjour Monsieur le Directeur. Je m'appelle Axelle Meunier, j'ai vingt ans et j'habite à Paris. Après mon bac en 2003, j'ai eu un diplôme de styliste en Italie. Maintenant, je veux préparer un diplôme de directrice de collection. Votre école est la meilleure en Europe pour cela.

2 Monsieur le Directeur, je souhaite vous parler de mon amie Paola. Nous étions dans la même école de mode en Italie. Elle travaille pour une entreprise internationale et voyage beaucoup. Elle veut maintenant se spécialiser dans le commerce de la mode. Pour cela, elle souhaite entrer à l'école Moda. J'espère que vous l'accepterez dans votre école.

3 Écoutez l'enregistrement du texte p. 86.

4 Bonjour Paola. C'est Axelle. Comment vas-tu ? Moi, ça va très bien. J'ai présenté le défilé de mode de l'école Moda. J'ai envie de te le raconter. Peux-tu me rappeler ? Je t'embrasse bien fort.

Mille et une questions...

1 **1.** – D'où venez-vous ? **2.** – Quel âge avez-vous ? **3.** – Quelles études faites-vous ? À quelle université êtes-vous inscrite ? **4.** – Avez-vous des frères et sœurs ? **5.** – Est-ce que vous aimez les animaux ?

2 **1.** – Comment s'appelle votre chat ? **2.** – Est-ce que vous vivez seule ? **3.** – Avez-vous des enfants ? **4.** – Combien avez-vous de chambres à louer ?

3 **1.** – Je suis désolée, Martine n'est pas là. Je suis Gisela, la nouvelle locataire. **2.** – Je suis allemande. / Je viens d'Allemagne. **3.** – J'étudie les sciences politiques. / Je suis étudiante en sciences politiques. **4.** – Oui bien sûr, je lui dirai. Au revoir monsieur.

4 Un homme a téléphoné. C'est un ami de Martine. Il s'appelle Claude. Il doit avoir quarante ans environ. Il a l'air sympathique. Il m'a posé des questions. C'était une conversation agréable.

Si on vous dit... vous répondez...

1 **1.** – Moi, c'est Juliette. **2.** – Oui, je vis en colocation, avec une amie. **3.** – C'est normal, je viens juste d'arriver à Paris. **4.** – Oui, je fais des études d'économie. **5.** – Non, en troisième année. J'ai fait les deux premières années dans une autre université. **6.** – Moi aussi, je vais y aller. **7.** – Moi aussi. Je veux bien alors. **8.** – Très bien. **9.** – C'est noté ! **10.** – À bientôt.

2 **1.** – Oui, je suis né ici. **2.** – Oui, je joue du piano depuis que je suis tout petit. **3.** – Moi, pas du tout. Je sais seulement faire des pâtes et du riz ! **4.** – Oui, pourquoi pas ! **5.** – Je lis beaucoup de romans policiers et aussi des bandes dessinées. **6.** – J'ai deux sœurs : Aude qui a 10 ans et Élodie qui a 15 ans. **7.** – Oui, assez souvent. Ma famille habite à Paris, alors je vais les voir le week-end.

3 **1.** – Je voudrais commander un repas pour quatre personnes. **2.** – Quatre pizzas à la tomate et aux anchois, s'il vous plaît. **3.** – Oui, merci. **4.** – Une salade pour quatre personnes. **5.** – J'habite au 67 rue des Invalides. **6.** – Je paierai en liquide. **7.** – Livrez-moi dans une heure environ, vers 20 heures.

4 **1.** – Bonjour à tous, nous recevons aujourd'hui un nouveau candidat. Il s'appelle Patrick, il a 30 ans et il est professeur de musique dans un collège. Bonjour Patrick, comment allez-vous ? **2.** – Je vous rappelle la règle du jeu : je vous pose une série de questions sur des sujets variés et de la vie quotidienne et vous devez répondre en formulant une phrase complète. Patrick, êtes-vous prêt ? **3.** – Alors je commence. Première question : quand a lieu la Fête de la Musique ? **4.** – Quel est le vrai nom de Johnny Halliday ? **5.** – Qui est le réalisateur du film *Fantômas* ? **6.** – Ça va toujours ? **7.** – Alors on continue. Où vivent les ours en France ? **8.** Quel roi a fait construire le château de Versailles ? **9.** – Quelles sont les quatre plus grandes villes de France ? **10.** – Attention Patrick, dernière question : qui est l'auteur des *Misérables* ?

Voyages, voyages...

1 **1.** – Je veux partir en Tunisie. **2.** – Je souhaite partir fin octobre. **3.** – Je préfère un voyage organisé. **4.** – Je resterai une semaine. **5.** – Je ne veux pas dépasser cinq cents (500) euros. **6.** – Je partirai seul.

2 Jacques : – Salut Jean ! Je prépare un voyage en Tunisie. L'agence de voyages me fait une offre à quatre cents (400) euros. Ils proposent une semaine en hôtel cinq (5) étoiles avec une excursion dans le désert, une visite de la Médina, une

soirée gastronomique. L'hôtel a des équipements sportifs et un hammam. Qu'est-ce que tu en penses ?

3 Rôle 1 (votre ami) : Jean / Rôle 2 (vous) : Jacques
Jean : – Salut Jacques ! C'est Jean à l'appareil. Tu vas bien ?
Jacques : – Bonjour Jean ! Oui, je vais très bien.
Jean : – J'ai trouvé une offre de voyage pour toi sur Internet. Je te la lis : [lecture de l'article].
Jacques : – Oui, c'est moins cher que celle de l'agence. Les deux offres proposent des hôtels cinq (5) étoiles. Mais l'offre Internet propose des activités dans la nature.
Jean : – Qu'est-ce que tu en penses ?
Jacques : – C'est tout à fait ce qu'il me faut. Je te remercie beaucoup. Je vais tout de suite réserver sur Internet. Au revoir.

4 Conseils : Il s'agit d'un exercice de variation lexicale. N'employez pas toujours les mêmes mots ou expressions de demande !
– Est-ce que tu peux me passer le pantalon noir, s'il te plaît ?
– Oui, le voici.
– Passe-moi aussi cette chemise.
– Tiens.
– Tu peux me donner ton maillot de bain ?
– Pas de problème, je te le donne.
– Il me faut ces deux tee-shirts, s'il te plaît.
– Et voici !
– Donne-moi tes chaussures, s'il te plaît.
– Très bien, je te les donne.
– Tu sais où est la crème solaire ? Merci de me la donner.
– Dans la salle de bains, je vais la chercher.
– Passe-moi aussi ta trousse de toilette, s'il te plaît.
– La voici.
– Je crois qu'on a tout mis dans ta valise.
– Merci, c'est super !

Bien faire ses achats

1 **Boulangerie-pâtisserie** : une baguette (f.), du pain de campagne / tranché (m.), un croissant (m.), un pain au chocolat (m.), une pizza (f.), une tarte salée / quiche (f.), du gâteau au chocolat (m.), une tarte aux pommes (f.). **Boucherie-charcuterie** : du jambon blanc (m.), du jambon cru (m.), du saucisson (m.), des saucisses (f.), un steak (m.), une côte de porc (f.), un poulet (m.), un gigot (m.). **Fruits et légumes** : des pommes de terre (f.), des carottes (f.), des tomates (f.), des noisettes (f.), des pommes (f.), une poire (f.), des bananes (f.). **Épicerie** : de la farine (f.), des céréales (f.), du chocolat (m.), des biscuits (m.), du sucre en poudre (m.), du riz (m.), des haricots verts (m.), de la sauce tomate (f.). **Produits frais** : du lait (m.), du beurre (m.), des œufs (m.), un yaourt (m.), une crème dessert au chocolat (f.), des petits fromages (m.), du gruyère (m.), de la crème fraîche (f.). **Livres-disques** : un roman (m.), un guide touristique (m.), une bande dessinée (f.), un roman policier (m.), des CD (m.). **Boutique de vêtements** : un pantalon (m.), une jupe (f.), un t-shirt (m.), un pull (m.), une chemise (f.), une ceinture (f.), une veste (f.), un manteau (m.). **Pharmacie** : de l'aspirine (f.), des pastilles pour la gorge (f.), de la crème anti-moustiques (f.), une brosse à dents (f.), du dentifrice (m.), du shampooing (m.), de la crème solaire (f.), de l'alcool pour désinfecter (m.). **Bureau de tabac** : des timbres (m.), des cartes postales (f.), des enveloppes (f.), un plan de Paris (m.), des bonbons (m.), des chewing-gum (m.), des tickets de métro (m.), une carte téléphonique (f.). **Café/ Bar / Brasserie** : un café (m.), un thé (m.), un cola (m.), une omelette-salade (f.), un steak-frites (m.), une bière (f.), un sandwich (m.), une salade composée (f.). **Magasin de sport** : un ballon de foot (m.), une balle de tennis (f.), un survêtement (m.), des rollers (m.), des baskets (f.), des chaussettes (f.), un masque de ski (m.), un maillot de bain (m.). **Informatique / Multimédia** : un CD (m.), un ordinateur portable (m.), des écouteurs (m.), un lecteur dvd (m.), une souris (f.), une clé USB (f.), un cd-rom (m.), des piles (f.). **Animalerie** : un chat (m.), un chien (m.), un oiseau (m.), un poisson (m.), un cochon d'Inde (m.), un lapin (m.), une souris (f.), un perroquet (m.). **Activités de loisirs** : tennis (m.), volley-ball (m.), basketball (m.), football (m.), peinture (f.), guitare (f.), piano (m.), théâtre (m.). **Meubles et accessoires de bureau** : un bureau (m.), du papier (m.), un ordinateur (m.), des stylos (m.), une gomme (f.), un fauteuil (m.), une lampe (f.), une imprimante (f.). **Moyens de transport** : le bus (m.), le métro (m.), la voiture (f.), le train (m.), l'avion (m.), la moto (f.), le vélo (m.), la marche à pied (f.).

2 – Bonjour madame, je cherche des informations sur les activités de loisirs.
– Oui, que cherchez-vous ? Des activités sportives, des activités musicales, ou des activités manuelles comme la peinture ?
– Des activités manuelles.
– Voici le dépliant : la mairie organise des animations chaque jour, pour quatre heures d'activités par semaine, ça coûte cinquante euros par mois. Tout le matériel nécessaire est fourni.
– Merci beaucoup. Je vais réfléchir. Au revoir madame.

3 – Bonjour monsieur.
– Bonjour, vous désirez ?
– Je veux faire un cadeau à mon fils. Il a eu son baccalauréat.
– Félicitations ! Qu'est-ce qui lui ferait plaisir ?
– Un coffret de DVD sur un sujet qu'il aime.
– Des films ?
– Non plutôt des reportages scientifiques, sur l'archéologie par exemple.

– Alors j'ai ce qu'il vous faut : un coffret de DVD sur l'archéologie en Égypte, produite par le musée du Louvre.
– Merci, c'est très bien, je vais le prendre.

4 À titre d'exemple, nous avons choisi trois cartes jeux : *aspirine, crème anti-moustique, brosse à dents.*
– Bonjour, je voudrais une brosse à dents, s'il vous plaît.
– Vous voulez une brosse dure ou souple ?
– Une brosse souple, s'il vous plaît.
– Il vous faut autre chose ?
– Oui, j'ai besoin d'aspirine et d'une crème anti-moustiques.
– Bien, ça fera 14,50 €.
– Voilà merci et au revoir.
– Au revoir.

5 À titre d'exemple, nous avons choisi trois cartes jeux : *pain, jambon, côte de porc.*
– Qu'est-ce qu'on achète ?
– On a besoin de pain, de jambon et de viande pour ce soir.
– Pour aller vite, toi tu vas chercher le jambon et des côtes de porc, moi je vais au rayon boulangerie pour le pain. D'accord ?
– D'accord et on se retrouve à la caisse 22.
– À tout de suite.
– À la caisse : C'est bon, on a tout et ça fait 13,20 €. Tu as 20 centimes ?
– Oui, tiens les voilà.

6 À titre d'exemple, nous avons choisi 3 cartes jeux : *timbres, carte téléphonique, carte postale.*
– Bonjour Monsieur, je voudrais des timbres s'il vous plaît.
– Bonjour. Un carnet de 10 timbres ?
– Oui et une carte téléphonique aussi.
– Vous voulez combien d'unités ?
– Qu'est-ce que vous avez ?
– Par 25 ou 50 unités.
– 50, s'il vous plaît.
– Ce sera tout ?
– Non, je prends cette carte postale aussi.
– Bien, ça nous fait un total de 28,30 €.
– Merci, au revoir.
– Au revoir.

7 À titre d'exemple, nous avons choisi trois cartes jeux : *livre de Victor Hugo, BD* et *Guide du routard.*
– Bonjour Madame, je cherche un cadeau d'anniversaire. Vous pouvez m'aider ?
– Oui, bien sûr, c'est pour qui ?
– Pour une amie qui a environ 30 ans.
– Je peux vous proposer une bande dessinée.
– Non, elle ne lit pas ce genre de choses.
– Alors un roman classique ? Victor Hugo ?
– Non, je suis sûr qu'elle l'a déjà lu.
– Est-ce qu'elle aime voyager ?
– Oui beaucoup.
– Alors un Guide du routard pour son prochain voyage ?
– Très bonne idée, celui sur la Bulgarie.
– Voilà, il coûte 12,90 €.
– Merci encore pour votre aide. Au revoir.

PASSEZ L'EXAMEN **SUJET 1**

ÉPREUVE DE COMPRÉHENSION DE L'ORAL

Comprendre des annonces et des indications
1 **1.** 11 h 00 **2.** voie F

Comprendre des instructions orales
2 **1.** à une candidate **2.** le voyage à gagner.
3. [horloge] **4.** 08.88.18.28.38

Comprendre une conversation et des expressions de la vie quotidienne
3 1 – c ; 2 – e ; 3 – d ; 4 – b

Obtenir des biens et des services
4 Situation 1 : Où est-ce ? dans le bus
Situation 2 : Qu'est-ce qu'on demande ? un prix
Situation 3 : Quand est-ce ? en été

ÉPREUVE DE COMPRÉHENSION DES ÉCRITS

Comprendre la correspondance
1 **1.** Jean **2.** un message professionnel. **3.** pour inviter Julie. **4.** [pictogramme]. **5.** en automne

Lire pour s'informer et discuter
2 **1.**

Annonce n°	1	2	3	4
2 pièces	✗	✗	–	✗
clair	–	✗	✗	–
au calme	–	✗	–	✗

2. annonce n° 2 (Agence *Zen*). **3.** tout de suite

Lire pour s'orienter
3 1 : Porte d'Orléans à 10 h 30 ; Orléans à 12 h 30 ; Tours à 14 h 30 **2.** à 500 m **3.** avant 22 h 00

Lire pour s'informer et discuter
4 **1.**

	24 h / 24	7j / 7	De 8 h 00 à 19 h 00 du lundi au vendredi	Internet	Téléphone	Hôtesse
paris.fr	✗	✗		✗		
3975			✗		✗	
Points informations			✗			✗

2. vrai

ÉPREUVE DE PRODUCTION ÉCRITE

Compléter un formulaire
1 Proposition de corrigé :
Nom : Androussi / Prénom : Georges / Adresse : 17 rue du Thouard, 75003 Paris / Nationalité :

égyptienne / Âge : 28 ans / Profession : médecin / Date d'inscription : 18-10-05 / 25 livres / oui / le samedi de 10 h 00 à 12 h 00.

Écrire une carte postale

2 Proposition de corrigé [49 mots] :
Paris, le 10 juin 2006.
Bonjour Jean et Marion !
Comment ça va ? Moi, je vais bien. Je suis à Paris. Mon hôtel est à Montmartre. Mais je ne suis pas en vacances : je travaille ! On se voit samedi ? Téléphonez-moi ! À bientôt. Bises.
Malika

ÉPREUVE DE PRODUCTION ORALE

Exemple d'entretien dirigé
Voir les transcriptions p. 89.

Exemple d'échange d'informations
Voir les transcriptions p. 89-90.

Exemple de dialogue simulé
Voir les transcriptions p. 90.

PASSEZ L'EXAMEN **SUJET 2**

ÉPREUVE DE COMPRÉHENSION DE L'ORAL

Comprendre des annonces et des indications

1 **1.** le 29 **2.** à 10 h 00

Comprendre des instructions orales

2 **1.** la femme de M. Dubois
2. d'une sortie au cinéma.
3. 18 h 40
4. 15, rue Hautefeuille.

Comprendre une conversation et des expressions de la vie quotidienne

3 1 – d ; 2 – c ; 3 – a ; 4 – b

Obtenir des biens et des services

4 Situation 1 : Où est-ce ? à la maison
Situation 2 : Qu'est-ce qu'on demande ? un appareil
Situation 3 : Où est-ce ? à la campagne

ÉPREUVE DE COMPRÉHENSION DES ÉCRITS

Comprendre la correspondance

1 **1.** le directeur du théâtre
2. une lettre d'information.
3. Pour inviter le spectateur.
4. un cocktail
5. une spectatrice

Lire pour s'informer et discuter

2 **1.** Funski + Natureski + Skivit
2. Funski + Alpeski + Natureski
3. Alpeski + Natureski + Skivit
4. Natureski

Lire pour s'orienter

3

1.

2. en milieu de journée **3.** 7 j / 7 + en été

Lire pour s'informer et discuter

4 **1.** Yoga : tous les jours, de 16 h 00 à 22 h 00, salle Quignard. Gym rythmique : jeudi, vendredi, samedi ; de 17 h 00 à 21 h 00, on ne sait pas dans quelle salle.
2. à partir de 16 h 00

ÉPREUVE DE PRODUCTION ÉCRITE

Compléter un formulaire

1 Proposition de corrigé :
Nom : Tillmann / Prénom : Julia / 32 ans / Journaliste / tillmann@presse.org / 27, rue des Églantiers 27000 Évreux / 02. 32. 48. 58. 07 / Oui / 20-12-2006

Écrire un message

2 Proposition de corrigé [49 mots] :
Ma chère Nathalie,
Notre avion est arrivé à Helsinki. Il y a de la neige partout. Il fait froid, mais beau. C'est l'hiver ! Je reste ici cinq jours et je veux faire du ski. Tu peux venir me rejoindre pour trois jours ?
Je t'embrasse. Réponds-moi vite.
Jacques

ÉPREUVE DE PRODUCTION ORALE

Exemple d'entretien dirigé
Voir transcriptions p. 90.

Exemple d'échange d'informations
Voir transcriptions p. 91.

Exemple de dialogue simulé
Voir transcriptions p. 91.

nom ?	prénom ?
âge ?	nationalité ?
profession ?	adresse ?
pays ?	marié ?
enfant(s) ?	téléphone ?
maison / appartement ?	voiture ?
adresse courriel ?	parents ?
ville ?	fumeur ?

télévision ?	journal ?
film ?	musique ?
week-end ?	musée ?
voyages ?	langues ?
livre ?	photographie ?
pluie / soleil ?	France ?
plat ?	couleur ?
animal ?	vacances ?

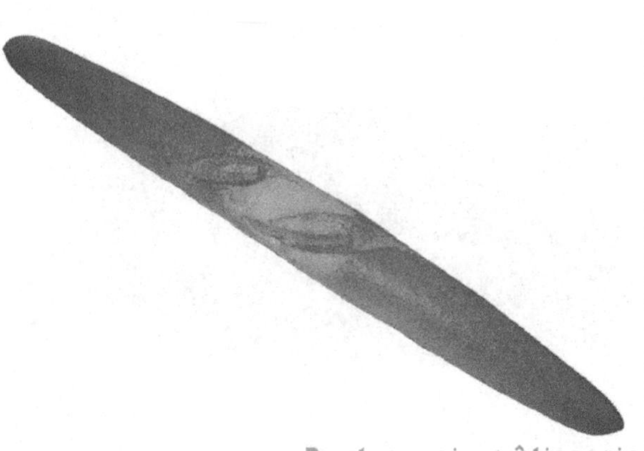

Boulangerie-pâtisserie

Boulangerie-pâtisserie

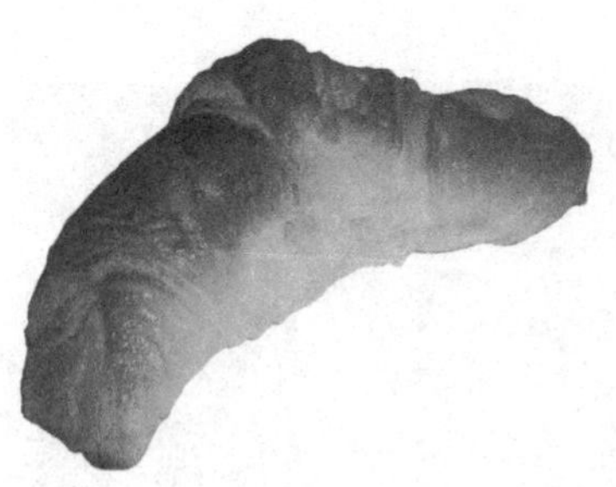

Boulangerie-pâtisserie

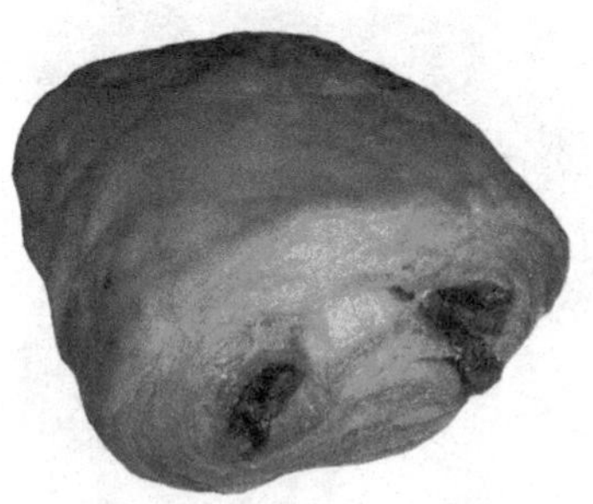

Boulangerie-pâtisserie

Boulangerie-pâtisserie

Boulangerie-pâtisserie

Boulangerie-pâtisserie

Boulangerie-pâtisserie

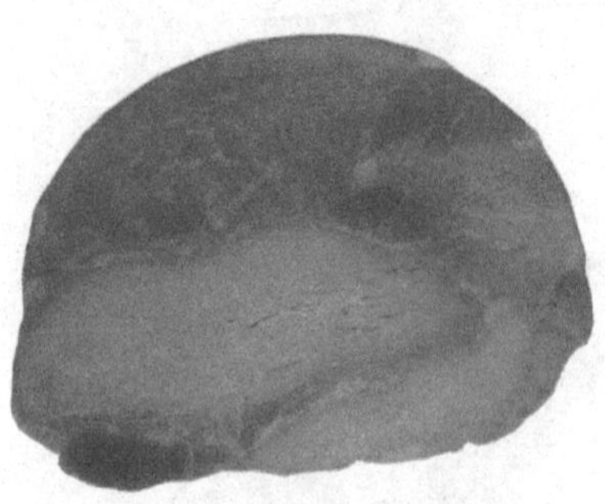

Boucherie-charcuterie

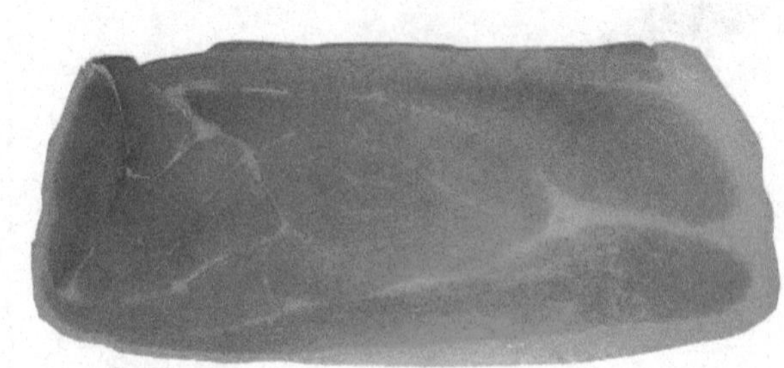

Boucherie-charcuterie

Boucherie-charcuterie

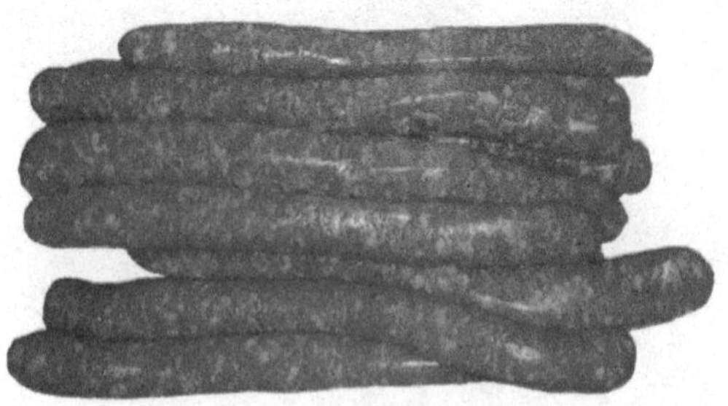

Boucherie-charcuterie

Boucherie-charcuterie

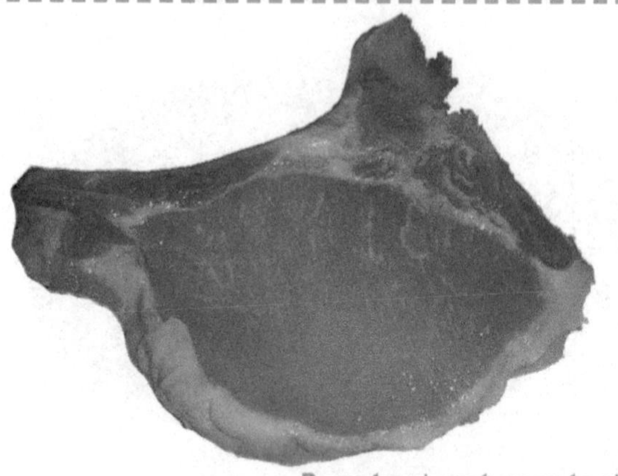

Boucherie-charcuterie

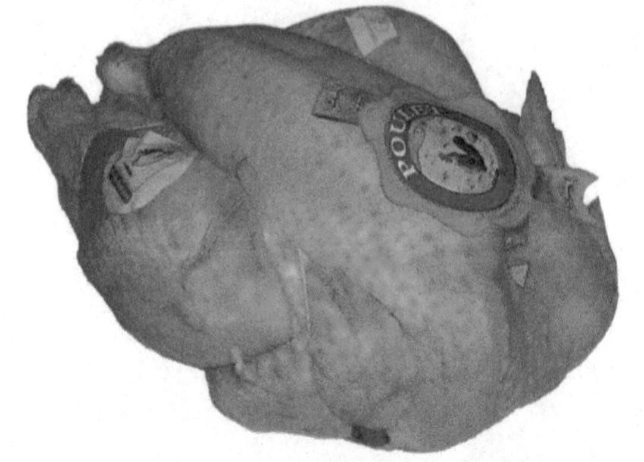

Boucherie-charcuterie

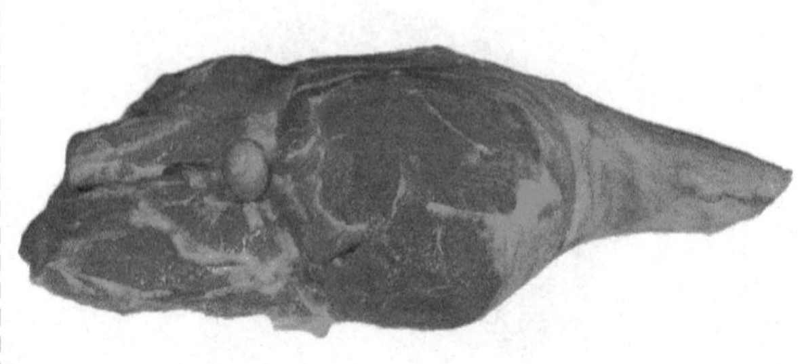

Boucherie-charcuterie

Fruits et légumes

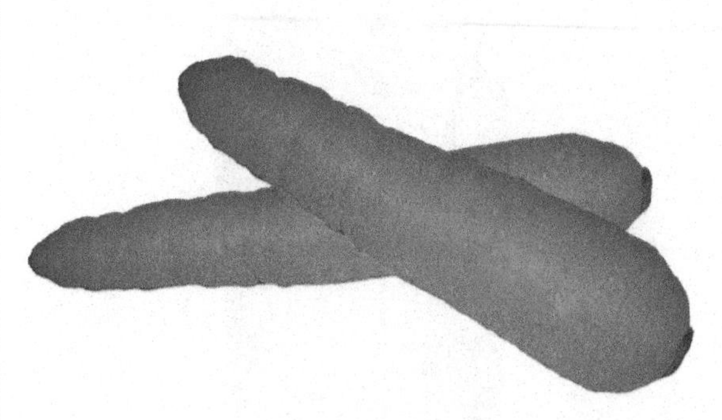

Fruits et légumes

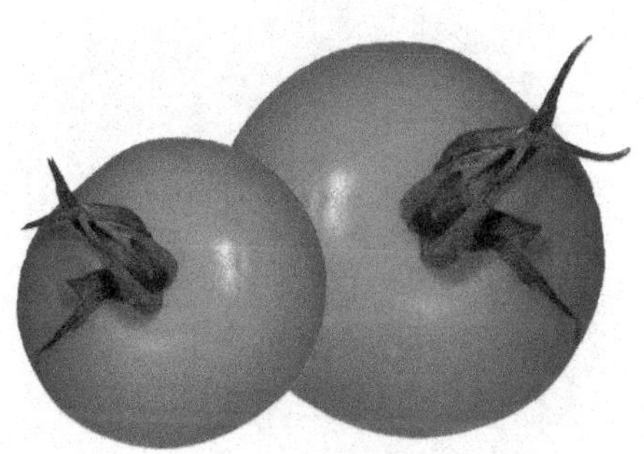

Fruits et légumes

Fruits et légumes

Fruits et légumes

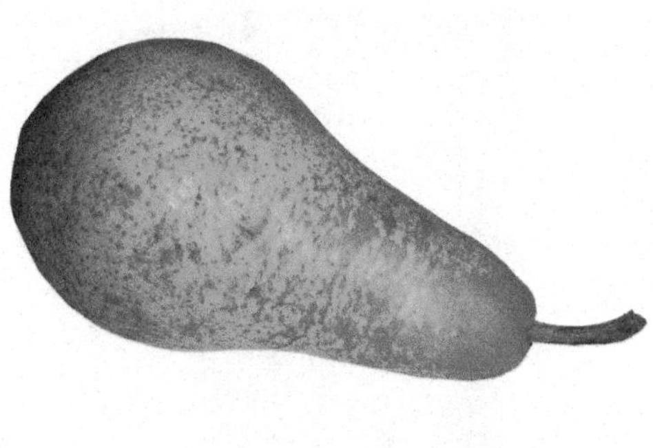

Fruits et légumes

Fruits et légumes

Fruits et légumes

Épicerie

Épicerie

Épicerie

Épicerie

Épicerie

Épicerie

Épicerie

Épicerie

Produits frais

Produits frais

Produits frais

Produits frais

Produits frais

Produits frais

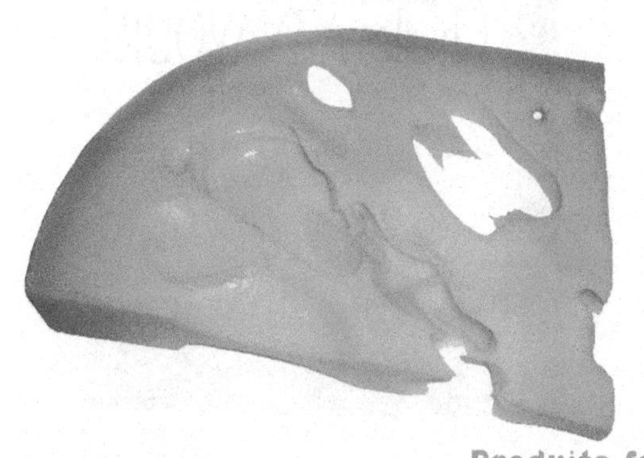

Produits frais

Produits frais

Livres-Disques

Livres-Disques

Livres-Disques

Livres-Disques

Livres-Disques

Livres-Disques

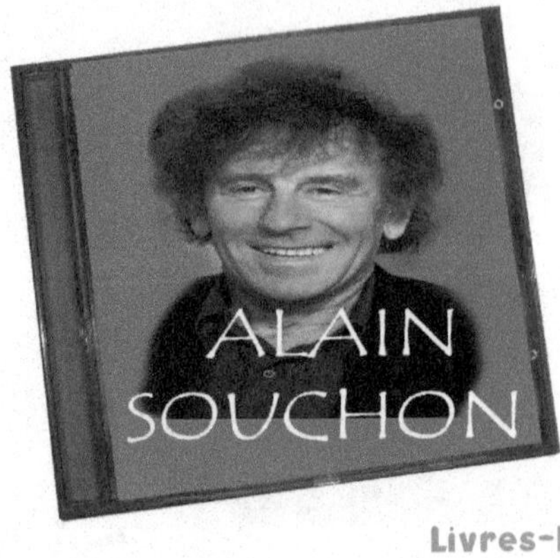

Livres-Disques

Livres-Disques

Boutique de vêtements

Boutique de vêtements

Boutique de vêtements

Boutique de vêtements

Boutique de vêtements

Boutique de vêtements

Boutique de vêtements

Boutique de vêtements

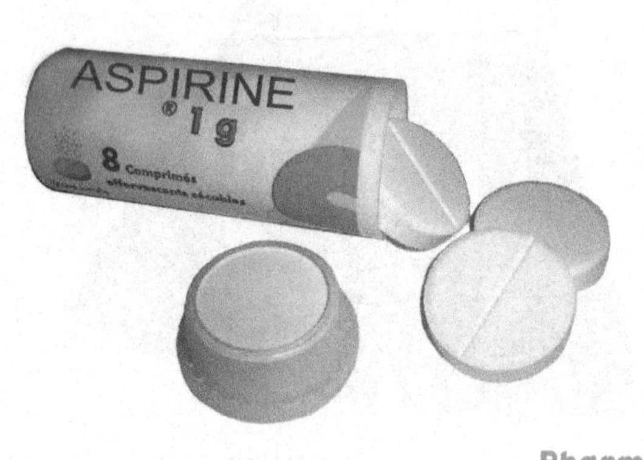

Pharmacie

Pharmacie

Pharmacie

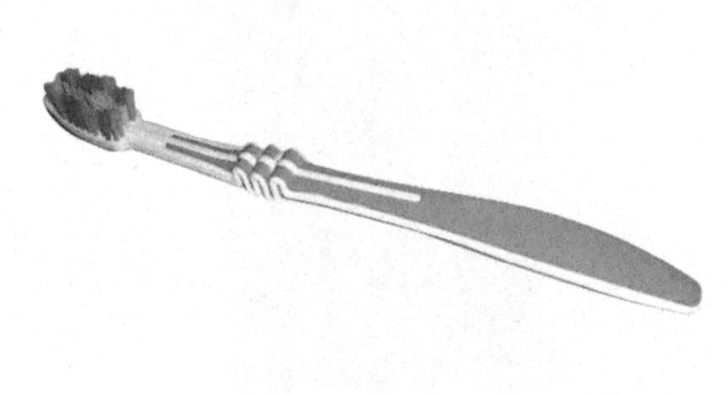

Pharmacie

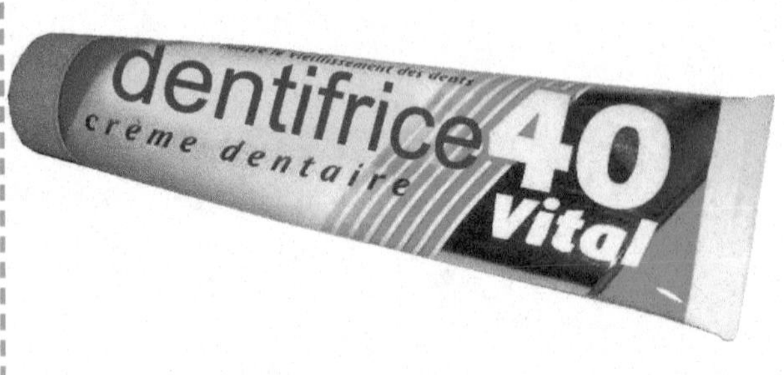

Pharmacie

Pharmacie

Pharmacie

Pharmacie

Bureau de tabac

Bureau de tabac

Bureau de tabac

Bureau de tabac

Bureau de tabac

Bureau de tabac

Bureau de tabac

Bureau de tabac

Café / Bar / Brasserie

Café / Bar / Brasserie

Café / Bar / Brasserie

Café / Bar / Brasserie

Café / Bar / Brasserie

Café / Bar / Brasserie

Café / Bar / Brasserie

Café / Bar / Brasserie

Magasin de sport

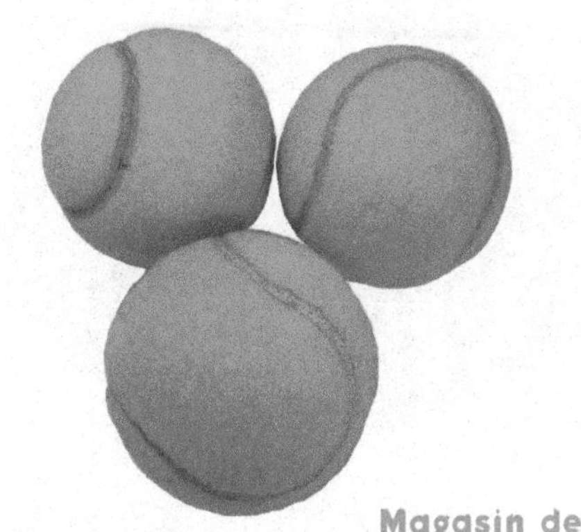

Magasin de sport

Magasin de sport

Magasin de sport

Magasin de sport

Magasin de sport

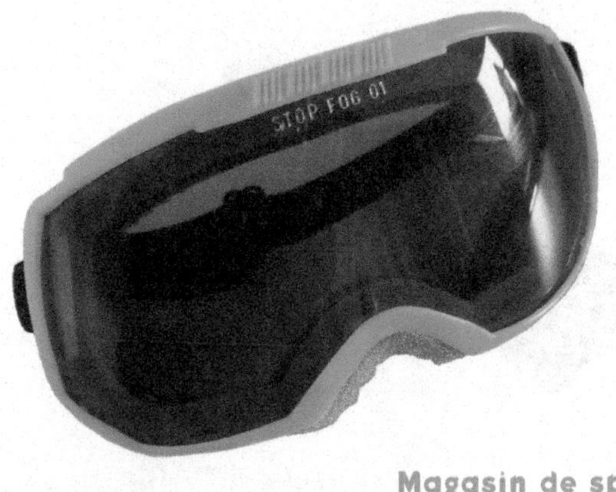

Magasin de sport

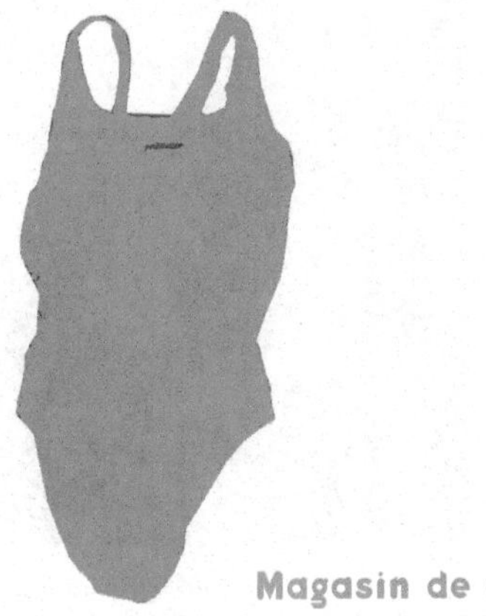

Magasin de sport

Multimédia / Informatique

Multimédia / Informatique

Multimédia / Informatique

Multimédia / Informatique

Multimédia / Informatique

Multimédia / Informatique

Multimédia / Informatique

Multimédia / Informatique

Animalerie

Animalerie

Animalerie

Animalerie

Animalerie

Animalerie

Animalerie

Animalerie

Activités de loisirs

Activités de loisirs

Activités de loisirs

Activités de loisirs

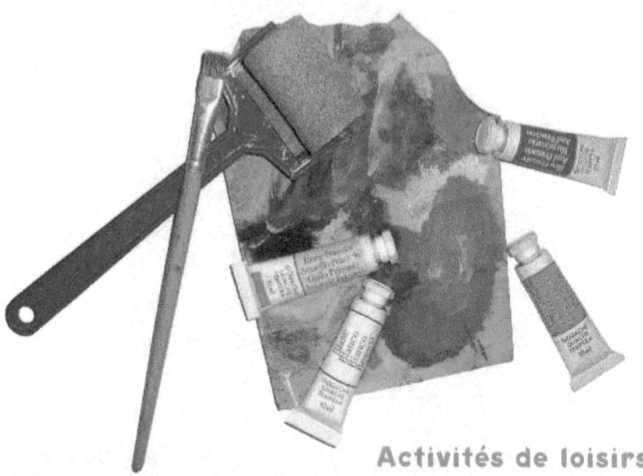

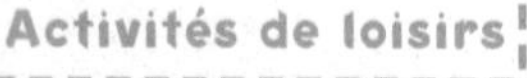

Activités de loisirs

Activités de loisirs

Activités de loisirs

Activités de loisirs

Accessoires et meubles de bureau

Accessoires et meubles de bureau

Accessoires et meubles de bureau

Accessoires et meubles de bureau

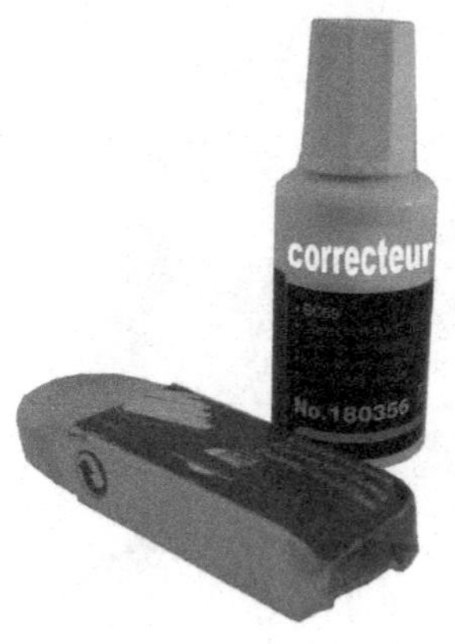

Accessoires et meubles de bureau

Accessoires et meubles de bureau

Accessoires et meubles de bureau

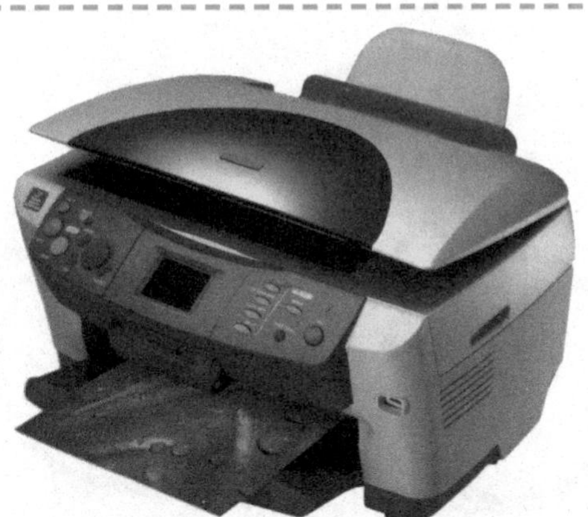
Accessoires et meubles de bureau

Moyens de transport

Moyens de transport

Moyens de transport

Moyens de transport

Moyens de transport

Moyens de transport

Moyens de transport

Moyens de transport

50
BCE ECB EZB EKT EKP 2001
50EURO
EYPΩ

50
BCE ECB EZB EKT EKP 2001
50EURO
EYPΩ

5
EURO CENT

5
EURO CENT

20
BCE ECB EZB EKT EKP 2001
20EURO
EYPΩ

20
BCE ECB EZB EKT EKP 2001
20EURO
EYPΩ

10
EURO CENT

10
EURO CENT

10
BCE ECB EZB EKT EKP 2001
10EURO
EYPΩ

10
BCE ECB EZB EKT EKP 2001
10EURO
EYPΩ

20
EURO CENT

20
EURO CENT

5
BCE ECB EZB EKT EKP 2002
5EURO
EYPΩ

5
BCE ECB EZB EKT EKP 2002
5EURO
EYPΩ

50
EURO CENT

2
EURO

2
EURO

1
EURO

1
EURO

50
EURO CENT

MONNAIE

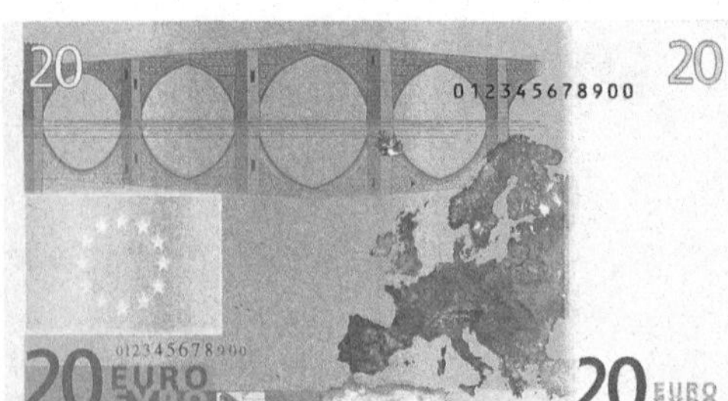
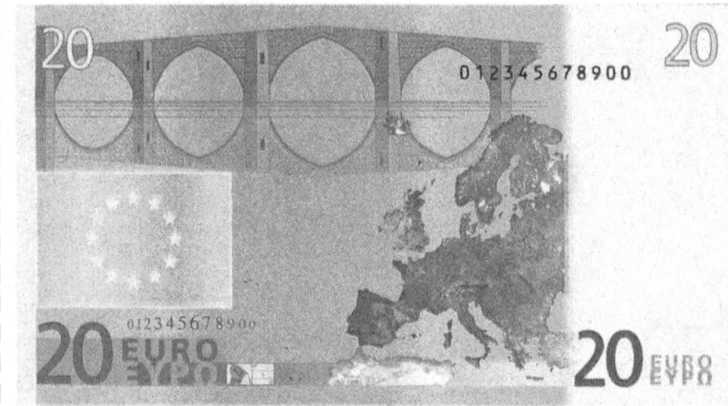

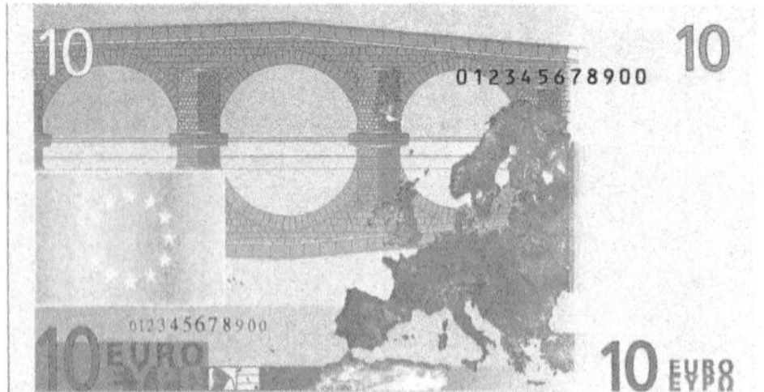
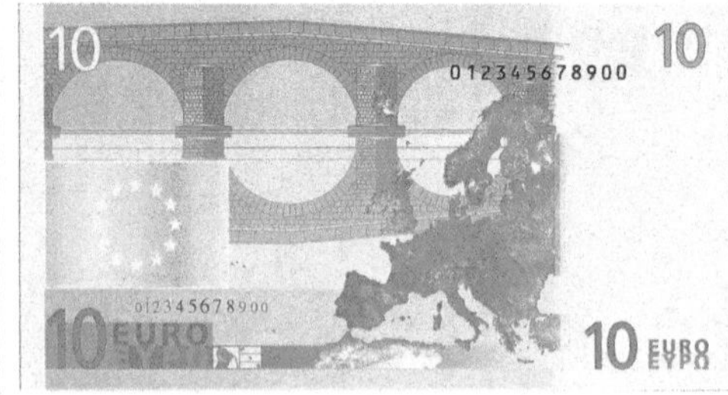

Achevé d'imprimer en France par Dupli-Print à Domont (95)
Dépôt légal : février 2018 - Collection n° 48 - Édition 09
N° d'impression : 2018014338 - **15/5451/8**